rowohlts
monographien

HERAUSGEGEBEN

VON

KURT KUSENBERG

ALEXANDER DER GROSSE

IN SELBSTZEUGNISSEN UND BILDDOKUMENTEN

DARGESTELLT VON GERHARD WIRTH

ROWOHLT

Dieser Band wurde eigens für «rowohlts monographien» geschrieben
Die Zeittafel, die Zeugnisse und die Bibliographie besorgte der Autor
Herausgeber: Kurt Kusenberg · Redaktion: Beate Möhring
Schlußredaktion: K. A. Eberle
Umschlagentwurf: Werner Rebhuhn
Vorderseite: Alexandros III. der Große. Tetradrachme, Silber
(Rowohlt Archiv, Reinbek bei Hamburg)
Rückseite: Schlachtszene aus dem Alexander-Sarkophag in Istanbul
(Rowohlt Archiv, Reinbek bei Hamburg)

Veröffentlicht im Rowohlt Taschenbuch Verlag GmbH,
Reinbek bei Hamburg, September 1973
© Rowohlt Taschenbuch Verlag GmbH, Reinbek bei Hamburg, 1973
Alle Rechte an dieser Ausgabe vorbehalten
Satz Aldus (Linofilm-Super-Quick)
Gesamtherstellung Clausen & Bosse, Leck/Schleswig
Printed in Germany
ISBN 3 499 50203 8

INHALT

Alexander der Große. Aus Tarsos. 1.–2. Jh. n. Chr. Ny Carlsberg Glyptotek, Kopenhagen

DIE EREIGNISSE

Auftakt in Griechenland

Alexander wurde im Sommer 336 von der makedonischen Heeresversammlung in Aigai als Nachfolger seines ermordeten Vaters Philipp II. zum König der Makedonen ausgerufen.[1]* Sein Regierungsantritt wirkt wie Überrumpelung und Gewaltakt zugleich, war aber die einzige Möglichkeit für ihn, sich zu retten.[2] Ein Jahr zuvor hatte Philipp Alexanders Mutter, die ehemalige Prinzessin Olympias aus Epirus, nach zwanzigjähriger Ehe verstoßen[3], und mit ihr war der Sohn außer Landes gegangen. Dann hatte Alexander sich recht und schlecht wieder mit dem Vater ausgesöhnt, aber seine Zukunft blieb ungewiß, denn Philipps neue Gattin Kleopatra, die jugendliche Nichte des Feldherrn Attalos, verkörperte gleichsam die Interessen des makedonischen Adels und damit die des Volkes gegen fremde Elemente in der herrschenden Dynastie. Wahrscheinlich hatte man in Makedonien in diesem Wechsel der Gattin ein wichtiges Politikum gesehen. Auch Amyntas IV., Philipps Neffe, als dessen Vormund Philipp seinerzeit die Herrschaft an sich gerissen hatte, lebte noch. Es scheint, daß eine starke Gruppe am Hofe, besonders die Prinzen aus dem von Philipp[4] abgesetzten lynkestischen Fürstenhaus, längst auf dessen Wiedereinsetzung hinarbeiteten.

Alexander handelte schnell; kein Wunder, daß der Verdacht, er sei zusammen mit Olympias an dem Attentat auf Philipp beteiligt gewesen, nie verstummte.[5] Der Mörder wurde erschlagen, es gelang, die Lynkesten – bis auf ein Alexander loyal ergebenes Mitglied der Familie – durch die anwesenden Makedonen ordnungsgemäß aburteilen zu lassen. Die Paladine Philipps wiederum, Antipatros und Parmenion, mußten die Persönlichkeit des neuen Herrschers und auch seine Art der Machtübernahme schon deshalb billigen, weil die im Lande üblichen Thronwirren[6] samt der sich daraus ergebenden politischen Schwäche diesmal vermieden wurden. Jedenfalls hatte Alexander nach dem ersten Zugriff die Herrschaft bald fest in der Hand. Der Terror dieser ersten Tage freilich hielt noch über ein Jahr lang an. Ermordet wurde nach einigen Wochen Attalos, offensichtlich mit Billigung seines Schwiegervaters Parmenion, im nächsten Jahr Amyntas; eine Reihe von Anhängern floh.[7] Die Beseitigung ihrer Rivalin Kleopatra und deren eben geborener Tochter besorgte die zurückgekehrte Olympias.

Dazu kam die Bedrohung von außen; zwar hatte Philipp 338 den Korinthischen Bund gegründet, und damit war die Führungsrolle für ganz Griechenland auf den makedonischen König übergegangen, doch das eben erst Begonnene hatte bei seinem frühen Tod kaum Aussicht, bestehen zu blei-

---

* Die hochgestellten Ziffern verweisen auf die Anmerkungen S. 134 f.

ben. In Athen frohlockte Philipps alter Gegner Demosthenes über den Mord und nannte Alexander einen jugendlichen Gimpel[8]; die Ambrakioten und die Aetoler fielen ab, Theben und wohl auch Argos rüsteten zum Aufruhr. Selbst in dem seit Philipp mit Makedonien durch Personalunion verbundenen Thessalien regten sich antimakedonische Kräfte. Nur der schnelle Aufbruch Alexanders nach Süden und die allgemeine Überraschung bewirkten, daß Griechenland sich beruhigte und die Bundesversammlung in Korinth Alexander als Nachfolger seines Vaters bestätigte. Noch im Herbst war er wieder daheim; mehr als je brauchten dort die Verhältnisse seine Kontrolle.

Die fragwürdige Haltung der Griechen indes muß Alexander nahegelegt haben, möglichst bald mit dem Unternehmen zu beginnen, das die Voraussetzung für Philipps Position im geeinten Griechenland gebildet hatte: den Krieg mit dem persischen Reich und die ersten Schritte zur Lösung der panhellenischen Frage. Ein Zug nach Norden im Frühjahr 335 wird mit der Notwendigkeit energischer Sicherung motiviert[9] und scheint nicht zuletzt der Schulung der Armee zu dienen. Es gelingt, die im östlichen Hämusgebiet wohnenden Triballer zu unterwerfen; die Überschreitung der Donau muß eine Schockwirkung bei den davon betroffenen Geten bewirkt haben. Westlich von ihnen lebende keltische Stämme suchen Bündnis und Freundschaft, Truppen aus den Balkangebieten, Thraker, Agrianen, Paionen, machen fortan einen wesentlichen Bestandteil des Heeres aus. Freilich muß Alexander im gleichen Sommer gegen die Illyrer im Nordwesten von Makedonien ziehen. Bereits Philipp hatte sie immer wieder niederzukämpfen gehabt; jetzt verbündeten sie sich aufs neue und hatten sich bereits der makedonischen Grenzfestung Pelion im Eordaiostal südlich des Ochridasees bemächtigt. Es gelang, die Stadt zu entsetzen, sich durch taktisch geschickte Manöver aus gefährlicher Umklammerung zu befreien und schließlich durch einen nächtlichen Überfall die Gegner entscheidend zu schlagen. Zur Lösung des Konflikts kam es jedoch nicht mehr, denn die Umstände zwangen Alexander, Hals über Kopf abzurücken und sich wieder den griechischen Problemen zuzuwenden.

336 war es ihm gelungen, den drohenden Abfall Griechenlands zu verhindern. Die über Monate sich hinziehenden Kämpfe im Norden und die von den Gegnern verbreitete Nachricht, er sei gefallen, hatten jedoch inzwischen zu dem erneuten Versuch geführt, nunmehr mit Hilfe der sich ernsthaft bedroht fühlenden Perser[10] die makedonische Herrschaft abzuschütteln. Theben sagte sich vom Bund los und belagerte die Besatzung der Kadmeia. In Athen traf man Vorbereitungen für den Befreiungskampf. Demosthenes übernahm es, persische Gelder an peloponnesische Bundesgenossen zu verteilen.[11] Eleer wie Arkader setzten Truppen zur Unterstützung der Thebaner in Marsch, und auch die Aetoler schlossen sich der Bewegung wieder an. Kurz, am allgemeinen Aufstand fehlte wenig; längeres Zuwarten mußte eine Katastrophe heraufbeschwören und nicht nur die

Vorrangstellung, sondern möglicherweise sogar die Existenz Makedoniens bedrohen.

So blieb Alexander nur, den Kampf mit den Illyrern abzubrechen und eiligst nach Süden zu marschieren. Sechzehn Tage später, nachdem er unterwegs noch die Verstärkung der treu gebliebenen Bundesgenossen an sich gezogen hatte, stand er vor dem überraschten Theben. Seine mehrfach betonte Bereitschaft zu großzügiger Aussöhnung wurde jedoch diesmal von den Thebanern, die ihre Lage falsch einschätzten, mit Hohn abgelehnt. Der einzige Ausweg war daher, die Stadt zu stürmen. Es ist gleichgültig, ob Alexander selbst den Angriff befahl oder ob makedonische Truppen ohne Befehl vorprellten.[12] Der hartnäckige Widerstand löste ein Blutbad aus, dem 6000 Menschen, darunter Frauen und Kinder, zum Opfer fielen. Alexander, nunmehr entschlossen, ein Exempel zu statuieren, ließ den Rest der Bevölkerung, 30 000 Menschen, als Sklaven verkaufen und erlaubte den Bundesgenossen in seinem Lager, Phokern und Böotern, alten Gegnern Thebens, die Stadt zu zerstören. Nur das Haus und die Nachkommen des Dichters Pindar, die Priester, Heiligtümer sowie die Gastfreunde der Makedonen blieben verschont.[13] Rigorosität und Härte in solchem Ausmaß hatte Griechenland kaum je erlebt. Der Schrecken bewirkte, daß die Abgefallenen sich eiligst zurückzogen, froh, daß Alexander auf Maßnahmen auch gegen sie verzichtete. Wenn er anschließend gegen Athen zog, dann nur, weil er dessen Rolle im Hintergrund der Ereignisse kannte und eine Bereinigung für unumgänglich hielt. Er forderte die Auslieferung der zehn prominentesten Politiker, darunter des Demosthenes und des Lykurg. Daß er sich dann durch Bitten des makedonenfreundlichen Demades bewegen ließ[14], von diesen Forderungen abzurücken, war eine Geste der Versöhnlichkeit, die nicht ohne Wirkung blieb. Nur der Söldnerführer Charidemos mußte Athen verlassen und trat in den Dienst des persischen Großkönigs.

Ein Aufschieben des Perserkrieges war nun nicht mehr möglich, wollte Alexander den sich verstärkenden Gegnern nicht neue Angriffsflächen bieten und zugleich seine Stellung in Griechenland gefährden. So befand er sich denn im Frühjahr 334 bereits auf dem Marsch zu den Übergangsstellen am Hellespont. Was sich tun ließ, um den Krieg mit einem Weltreich von den Ausmaßen des persischen zu beginnen, war getan. In dem seit Regierungsbeginn Philipps militärisch kaum je zur Ruhe gekommenen Makedonien hatte man die letzten verfügbaren Truppen mobilisiert. Etwa die Hälfte des Aufgebots, 12 000 Mann Infanterie, gegliedert in sechs Abteilungen Phalanx und leichter bewaffnete Hypaspisten sowie 1800 Reiter, ebenfalls – ihrer Herkunft nach – in sechs Abteilungen zog in den Krieg. Ungefähr die gleiche Zahl blieb in der Heimat, um Alexanders Stellvertreter Antipatros die Durchführung seiner Sicherungsaufgaben zu ermöglichen, die sich über Griechenland, Makedonien, die Balkangebiete und Epirus erstreckten.[15] Zum Feldheer kamen neben weiteren Makedonen der leichten Reiterei 1800 Thessaler, eine größere Anzahl Söldner und die nicht ohne Grund auffallend kleine Zahl von 7000 Bundesgenossen, dazu Kontingente der Balkanvölker und Kreter. Die Bundesgenossen hatten auch die Flotte zu stellen, insgesamt 160 Schiffe. Gemessen an ihrer Aufgabe nimmt sich diese Armee, insgesamt ca. 35 000 Mann Infanterie und 4500 Reiter, klein aus. Schon deshalb ergibt sich die Frage, ob Alexander an der Spitze einer solchen Streitmacht bereits 334 ein räumlich und zeitlich so weitgespannter Krieg vorschwebte, wie er sich dann entwickelte. Nicht zu übersehen freilich ist die Qualität dieser Truppe. Nicht nur, daß der Kern des Heeres, die Makedonen, aus loyalen, durch lange Kämpfe geschulten und nach den Grundsätzen höchster Effektivität aufgestellten Verbänden bestand (letzteres galt wohl auch für die Söldner): der technische Apparat, die Hilfs- und Versorgungsdienste, der Nachschub, der Troß, kurz die gesamte Organisation, waren schlechthin vollkommen. Dem kaum zweiundzwanzigjährigen Alexander fehlte es zudem weder an einer hochqualifizierten Führungselite noch an Spezialisten für die verschiedenen Nebenbereiche der Kriegführung, wie Technikern für Maschinen- und Wegebau und ärztlichem Personal. Die meisten aus diesem Kreis ließen sich später auch mit anderen Aufgaben betrauen: bei der Anlage von Städten und Straßen, bei der Errichtung von Häfen, der Nutzbarmachung ganzer Landstriche, beim Schiffbau und bei der Flußregulierung. Ihren beruflichen und allgemeinen Interessen verdanken wir den größten Teil der zeitgenössischen Alexander-Literatur. Dazu kamen ausgesuchte Kräfte der zentralen wie der regionalen Verwaltung, eine Kanzlei, die ihren Anforderungen gewachsen war, und wohl auch eine Archivabteilung, in der Berichte und einschlägiges Material zu späterer Auswertung deponiert wurden. Dichter und Philosophen schlossen sich früh dem Zug an. Bezeichnend für die Situation des Aufbruchs aber ist nicht zuletzt, daß Alexander in Kallisthenes von Olynth, einem Neffen des Aristoteles und namhaften Historiker, zugleich auch einen Propagandisten mitnahm, um kriegerische Ereignisse in einer ihm dienlichen Form sofort der griechischen Welt bekanntzumachen. Dieser betätigte sich, wie die erhaltenen Zeugnisse erweisen, sehr aktiv und schuf die Grundlagen eines Alexander-Bildes, das vom ersten Tag an die Dimensionen des Herkömmlichen, Normalen, wie auch des rein Politisch-Militärischen hinter sich ließ und die spätere Überlieferung bestimmt hat. Sein persönliches Verhältnis zu Alexander ist unklar. Daß er nichts ohne dessen Billigung veröffentlichte, liegt auf der Hand; so wird man denn bis zur Katastrophe von 327 ein wechselseitiges Sichbeeinflussen beider Partner anzunehmen haben, wobei sich in Kallisthenes eine geradezu moderne Vorstellung von der Wichtigkeit seiner Funktion und in Alexander das eigentliche Selbstverständnis seiner Rolle ausformte.[16]

Daß es um die materielle Versorgung der Armee vorerst schlecht stand, wog demgegenüber wenig. Die Vorbereitungszeit für den Krieg war kurz;

Alexander (Ausschnitt). Sog. Azara-Herme. Römische Kopie nach Lysipp.
Louvre, Paris

Makedonischer Reiter. Oktadrachme Alexanders des Philhellenen

finanzielle Schulden Alexanders werden von den Quellen verschieden angegeben, sind aber kaum zu leugnen.[17] Ebensowenig gesichert war die Verpflegung.[18] Gelang es jedoch, in Kleinasien auf einem von befreiten Griechen besiedelten Territorium Fuß zu fassen, konnten diese Mängel schnell behoben sein.

DIE EROBERUNG KLEINASIENS

Von einem Siegeszug freilich konnte die ersten anderthalb Jahre hindurch kaum die Rede sein. Sicher, die ersten Operationen verliefen reibungslos. 21 Tage nach dem Aufbruch von Pella stand Alexander am Hellespont. Und während Parmenion die Armee von Sestos zum Brückenkopf Abydos übersetzte, überquerte er selbst die Meerenge, wo der Sage nach die Griechen zur Belagerung Troias Europa verlassen hatten. Beim Aufbruch opferte er Protesilaos und verband dadurch mythische Vergangenheit mit der Gegenwart[19], bei der Überfahrt und der Landung hingegen Poseidon und dessen Töchtern, der Athena, dem Zeus und dem Herakles, schleuderte seinen Speer vom Schiff aus zum Zeichen der Besitznahme und sprang als erster ans Land. Symbol und Programm zugleich ist auch der sich anschließende Zug nach Ilion mit seinen Opfern für Priamos, Zeus und die ilische Athene. Indem Alexander eine der Göttin geweihte Rüstung aus dem Tempel mit der eigenen tauschte, stellte er sich und sein Heer gleichsam unter deren Schutz.

Dann begann der Vormarsch gegen die zur Abwehr formierten feindlichen Streitkräfte. Zweifelsohne hatten die Perser seit 338 mit der griechischen Invasion gerechnet. Nach Vereitelung des von Philipp wohl bereits 337 begonnenen[20] Sondierungsvorstoßes und den Ereignissen in Griechenland 336 und 335 freilich muß ein Angriff schon im folgenden Jahr überraschend gewesen sein. Zwar befand sich eine große Zahl in der Zwischenzeit geworbener griechischer Söldner zusammen mit persischen Verbänden in Westkleinasien, und auch die kleinasiatischen Satrapen waren bereits in Zelea versammelt, aber ein für die militärische Gesamtleitung verantwortlicher Kommandeur war noch nicht ernannt und über die Art der Kriegführung herrschte Unstimmigkeit. Während der Rhodier Memnon, ein griechischer Söldnerführer im persischen Dienst, als guter Kenner der Verhältnisse die Taktik der Verbrannten Erde vorschlug, um den Gegner von vornherein zum Aufgeben zu zwingen, widersetzten sich die Satrapen.[21] Man erwartete Alexander am Fluß Granikos. Die Ziele und Absichten der persischen Führer sind schwer zu erkennen. Daß man längs des Flusses eine Front aus Reiterei errichtete, hinter der abgeschirmt die Söldner standen, läßt sich nur als Versuch einer Abschreckung oder aber eines Vernichtungsschlages gleich bei Kriegsbeginn verstehen. Nicht weniger frappierend freilich ist Alexanders sofort beginnender Angriff – trotz der Warnungen Parmenions. Mit Hilfe der von Epaminondas erfundenen, durch Philipp weiterentwickelten schiefen Schlachtordnung gelang es der Reiterei unter Führung Alexanders, rechts den Fluß zu überschreiten. Bei dem Einbruch in die durcheinandergebrachte persische Front und dem kurzen, heftigen Kampf Mann gegen Mann geriet Alexander selbst in Lebensgefahr und wurde nur durch die blitzschnelle Reaktion seines Reiterführers Kleitos gerettet. Dann löste sich die persische Linie schnell auf. Die anderen, mittlerweile über den Fluß gelangten Truppen brachten vor allem den Söldnern schwere Verluste bei; auch die Mehrzahl der persischen Führer scheint gefallen zu sein.[22]

Damit war Kleinasien geöffnet. Bei seinem Sieg hatte Alexander zugleich wichtige Erfahrungen sammeln können, wie man den persischen Widerstand in der Schlacht am leichtesten brach. Es entsprach den Gesten am Hellespont und in Ilion, wenn Alexander die gefangenen Söldner als Verräter an der gemeingriechischen Sache zur Zwangsarbeit nach Makedonien schickte und der Stadt Athen für den Tempel der Akropolis ein Weihgeschenk von 300 erbeuteten Rüstungen machte. Für die gefallenen Makedonen wurden Standbilder in Auftrag gegeben und später in Dion aufgestellt, die Angehörigen der Toten von allen steuerlichen Lasten befreit.[23] Mehr als einen, wenngleich spektakulären Anfangserfolg freilich bedeutete die Schlacht am Granikos nicht; die eigentlichen Schwierigkeiten des Feldzugs standen noch bevor. Es gelang Memnon, den größten Teil der Söldnerarmee zu retten. Wenig später zum Oberbefehlshaber der Operationen[24] gegen die griechische Bedrohung ernannt und mit Geldmitteln versehen, konnte er seine Armee bald zu einem schlagkräftigen Instrument verstärken; quantitativ wie qualitativ überlegene phönikische und kyprische Seestreitkräfte fanden sich bei ihm ein. In Sardes übergab Mithrenes dem nach Süden vorstoßenden Alexander die Burg und die dort lagernden Steuergelder; in Ephesos brach bei Alexanders Nahen eine blutige Revolution gegen die Anhänger Persiens aus, der Alexander schließlich Einhalt gebieten mußte.[25] Kurz darauf, in Milet, festigte sich jedoch der Widerstand, an dem sich Griechen wie Perser beteiligten. Nur das Eintreffen von Alexanders Flotte kurz vor der persischen ermöglichte es, Stadt und Hafen zu besetzen.[26] Es war daher nichts als eine nüchterne Einschätzung der Lage und Erkenntnis eigener maritimer Unterlegenheit, wenn Alexander nunmehr in Milet die Auflösung seiner Seestreitkräfte anordnete. Sicher, die griechischen Schiffe hatten bisher ihre Aufgabe erfüllt, die Besetzung des Küstengebietes unterstützt und auch die Inseln gesichert; den Persern jedoch waren sie nicht gewachsen. Unausdenkbar aber wären die moralischen Folgen einer Niederlage zur See in Kleinasien wie in der Heimat gewesen. Nicht nur, daß damit alle bisherigen Erfolge wirkungslos geworden wären: der Triumph Memnons mußte einen neuen Abfall in Griechenland geradezu heraufbeschwören. Hinzu kam der anhaltende Geldmangel; auch er sprach dafür, die Flotte aufzulösen. Wenn Alexander verkündete, er werde hinfort durch Landoperationen die persische Flotte von ihren Basen abschneiden und sie zur Selbstauflösung zwingen, kann dies angesichts der Umstände im Sommer 334 nur als Versuch gewertet werden, eine ihm über den Kopf gewachsene Reihe von Widerständen zu verschleiern.[27]

Die Schwierigkeiten nahmen denn in der nächsten Zeit auch zu. Bald nach Auflösung der Flotte rückte Alexander in das hellenisierte Fürstentum Karien ein, das nicht lange zuvor durch die Heiratspolitik der Dynastie des Mausolos wieder fest in persische Hand gebracht worden war. Zwar bedeutete die Adoption Alexanders durch die im Verlauf dieser Entwicklung von ihrem Platz verdrängte Fürstin Ada einen gewissen Vorteil[28], doch der Kampf um die Hauptstadt Halikarnaß erforderte eine mühevolle, zeitraubende Kraftprobe mit Memnon und der auch von griechisch-makedonischen Emigranten geführten Söldnerarmee. Trotz einzelner Teilerfolge gelang es nicht, die Festung zu nehmen, und erst nach

Alinda in Karien. Turm der Stadtmauer

der Räumung im Spätherbst konnte Alexander die Trümmer der Stadt besetzen.[29] Wichtige strategische Punkte der Umgebung blieben noch über ein Jahr in feindlicher Hand.

Damit war die für Operationen günstige Zeit vorerst zu Ende. Besetzung und notdürftige Sicherung Westkleinasiens hatten alles in allem nur geringen, fragwürdigen Gewinn gebracht, während Memnon die Ägäis und vor allem den Zugang zu den Söldnermärkten Griechenlands kontrollierte. Alexander schickte die neuverheirateten Makedonen auf Urlaub nach Hause und ließ den Troß sowie einen Teil der Armee unter Parmenion in Sardes überwintern. Daß er selbst mit dem Gros der Armee einen Winterfeldzug in die unwirtlichen Gebiete der Südküste Kleinasiens unternahm, schlug wieder einmal den herkömmlichen strategischen Erwägungen ins Gesicht und zielte sicher nicht zuletzt auf Verwirrung des Gegners ab. Am ehesten freilich erklärt sich die Überstrapazierung der Truppen aus Alexanders Absicht, das bei der Flottenauflösung verkündete Programm zu verwirklichen, und zugleich aus dem Bemühen, in Griechenland nicht noch unglaubhafter zu werden, als er es zweifelsohne bereits geworden war. Von einem durchschlagenden Erfolg war auch jetzt nicht die Rede. Wohl gelang die Unterwerfung Lykiens, Pamphyliens und Pisidiens; aber eine Stadt wie Aspendos konnte es wagen, wegen zu hoher Kontributionen

Lykien am Weg nach Phaselis

Syllion in Pamphylien

Sagalassos in Pisidien

Der Eurymedon bei Aspendos

Landschaft bei Sagalossos auf Alexanders Weg nach Kelainai

den schon geschlossenen Unterwerfungsvertrag wieder zu brechen. Die pisidischen Bergbewohner von Termossos leisteten erfolgreich Widerstand, und in Side mußte Alexander umkehren, weil sich die Sicherung Kilikiens als unmöglich erwies. Bei dem nunmehr ins Innere Kleinasiens angetretenen Marsch konnte sich die Besatzung von Kelainai einen mehrwöchentlichen Waffenstillstand ausbedingen.[30] In Gordion am Sangarios, dem Mittelpunkt Phrygiens, sammelte sich die Armee wieder. Angesichts der allgemeinen Lage im Frühjahr 333 und des bisher Erreichten fragt sich, ob der berühmte Versuch Alexanders, den Knoten am Wagen des Midas auf der Burg zu lösen und damit den Spruch zu erfüllen, der die Herrschaft über ganz Asien verhieß, mehr war als der Versuch, auf spektakuläre Weise die gedrückte Stimmung der Truppen zu heben und zugleich auch die übergetretenen Bewohner Kleinasiens zu neuer Zuversicht zu ermuntern.[31] Kurz darauf war Alexander auf dem Marsch nach Ankyra. Er überschritt den Halys und fiel in Kappadokien ein; die Paphlagoner unterwarfen sich. Ein weiteres Vorrücken schien freilich unmöglich, denn noch stand ein starker Gegner im Rücken und lähmte jede Bewegung.[32]

Memnon hatte den Winter genutzt, um von seiner Flottenbasis Kos aus die der kleinasiatischen Westküste vorgelagerten Inseln – teilweise durch

18

Verrat – in seine Hand zu bringen und darüber hinaus durch Gewinnung der ägäischen Inselstaaten eine Brücke nach Griechenland bis zu den Kykladen vorzutreiben.[33] Indem er die Erneuerung des Antalkidas-Friedens zum Programm erhob, das allen Griechen Freiheit und Unabhängigkeit garantierte, suchte er offensichtlich eine geplante eigene Invasion mit einem spontanen Aufstand in Griechenland zu koordinieren. Dies hätte zwangsläufig zur Zerstörung der makedonischen Macht an ihrer Wurzel geführt und das persische Reich ein für allemal von einer lebensgefährlichen Bedrohung befreit.

In diesem Augenblick freilich trat die große Wende ein.[34] Bei der Belagerung von Mitylene starb Memnon. Zwar führten seine Nachfolger die Operationen fort; man besetzte kurz darauf Tenedos, im Herbst versuchte man einen Vorstoß auf die Verbindungswege Alexanders über den Hellespont. Doch an eine Offensive in Griechenland war nun nicht mehr zu denken. Vielmehr gelang es Alexander, eine neue Bundesflotte aufzustellen und im nächsten Jahr das Meer von den Persern zu säubern.[35] Erleichtert über den entscheidenden Glückszufall aber zögerte Alexander nicht, den notwendigen nächsten, freilich erst jetzt möglichen Schritt zur Sicherung Kleinasiens zu tun und dessen östliche Zugänge in seine Hand zu bringen. Nach Abbruch der Operationen in Kappadokien – die Kontrolle etwa über das Pontusgebiet und Armenien hat er nie ausgeübt – wandte er sich eiligst nach Süden, besetzte im Handstreich die kilikischen Tore und traf kurz danach in Tarsos ein. Dort warf ihn ein körperlicher Zusammenbruch – ausgelöst durch ein Bad im Kydnos – für etwa zwei Monate aufs Krankenlager. Parmenion brachte jedoch die nach Syrien führenden Pässe östlich des Golfs von Adalia in seine Hand. So war nach fast zwei Jahren doch noch eine Position gewonnen, die neben dem erwünschten Machtzuwachs endlich auch die Rechtfertigung Alexanders in den Augen der Griechen bedeuten mochte.[36]

Zwischen Issos und Gaugamela

Endgültige Resultate freilich brachte zunächst auch die Gewinnung Kleinasiens nicht, und daß das persische Reich noch keineswegs entscheidend geschlagen war, wußte Alexander selbst am besten. Es spricht für die Flexibilität des etwa gleichzeitig mit Alexander an die Regierung gekommenen Großkönigs Dareios' III., daß er bei der Nachricht vom Tode Memnons sofort das Schwergewicht der Kriegführung vom Westen auf den Osten verlagerte[37], die verfügbaren Kräfte mobilisierte, den größten Teil von Memnons Elitearmee an sich zog und persönlich die Führung ergriff. Schon im Herbst befand er sich in unmittelbarer Nähe Alexanders, zwei Tagesmärsche von den syrischen Pässen entfernt[38], um gegen den Willen des Charidemos eine Entscheidung herbeizuführen. Charidemos hatte ge-

raten, Alexander bei Babylon zu erwarten, und war beim Streit mit dem
Großkönig über diese Frage umgekommen.[39] Zweifellos über die Entsendung Parmenions und die Teilung des gegnerischen Heeres unterrichtet,
stieß Dareios kurz darauf weiter nördlich über einen unbewacht gebliebenen Paß in die Strandebene von Issos vor. Alexander hatte sich jedoch auf
die Meldung von dem Nahen des Großkönigs hin zur gleichen Zeit in Eilmärschen um die Bucht herum mit Parmenion wieder vereinigt und stellte
bald darauf fest, daß der Gegner sich nunmehr in seinem Rücken befand.[40]
Um der tödlichen Abschnürung zu entgehen, sah er sich gezwungen,

Dareios III. in seinem Streitwagen. Ausschnitt aus Albrecht Altdorfers Gemälde «Die Alexanderschlacht». Alte Pinakothek, München

umzukehren und sich auf diesen zu werfen. Dareios bezog bei der Nachricht von Alexanders Zusammenschluß mit Parmenion eine Verteidigungsstellung am Pinaros und suchte sich, so gut es ging, die Erfahrungen vom Granikos zunutze zu machen. Während griechische Söldner und entsprechend ausgebildete Perser das Zentrum hielten, sollte die Reiterei, rechts an das Meer gereiht, diesmal über den Fluß angreifen; zugleich sollte im Gebirge eine Gruppe Alexander umgehen. Dessen Aufmarsch am Tag der Schlacht und die Entfaltung der Armee auf einer Strecke von über 20 Kilometern war eine taktische Meisterleistung. So gelang es ihm, sich

21

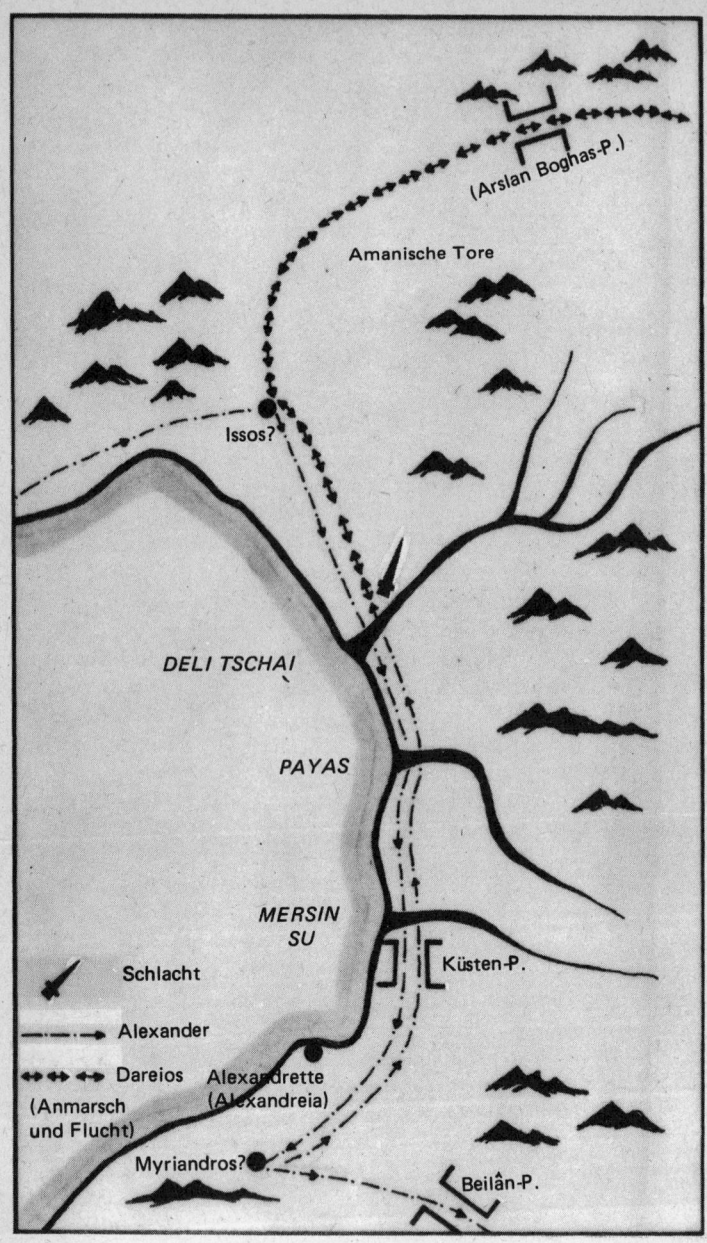

(Arslan Boghas-P.)

Amanische Tore

Issos?

DELI TSCHAI

PAYAS

MERSIN
SU

Küsten-P.

Schlacht

Alexander

Dareios
(Anmarsch
und Flucht)

Alexandrette
(Alexandreia)

Myriandros?

Beilân-P.

Issos

rechts den Rücken freizuhalten, an der Spitze der Hetairenreiterei den Pinaros zu überqueren, den linken persischen Flügel einzudrücken und Dareios zu eiligem Verlassen des Schlachtfeldes zu zwingen. Der Widerstand der Söldner brachte die makedonische Phalanx in Gefahr, und durch die persische Reiterei geriet auch Parmenion in Bedrängnis. Die Panik der Perser bei Bekanntwerden der Flucht des Großkönigs aber führte zu einem Gemetzel, das bis tief in die Nacht anhielt.[41]

Mit dem persischen Gefechtstroß fielen Mutter, Gattin und Kinder des Dareios in Alexanders Hand, ein Faustpfand, welches das Ansehen und auch das Verhalten des Großkönigs fortan entscheidend beeinflußte. Andererseits bedeutete die ehrenvolle Behandlung der Gefangenen durch Alexander für diesen Prestigegewinn in Griechenland und in Persien zugleich.

Dem Sieger standen jetzt zwei Möglichkeiten offen. Entweder stieß er dem Fliehenden nach: dies setzte die Kenntnis des Fluchtweges sowie dessen besonderer Bedingungen voraus und führte zwangsläufig zu einer unvorbereiteten Verfolgung von nicht vorauszusehenden Ausmaßen. Oder aber man blieb an Ort und Stelle stehen und sicherte das Gewonnene. Der dritte Weg, den Alexander einschlug, stellt demgegenüber eine politisch wie militärisch klug kalkulierte Zwischenlösung dar. Mochte Dareios Zeit gewinnen, im Osten seine Reserven für eine neue Auseinandersetzung aufzubieten, solange die persische Flotte im Mittelmeer operierte und Griechenland bedrohte, war es vordringlich, deren Auflösung zu beschleunigen, das heißt die Küstengebiete des östlichen Mittelmeeres zu besetzen und zugleich den Osten und den Westen des Kriegsschauplatzes endgültig voneinander zu trennen. Der Sieg von Issos ermöglichte es Alexander, gleichsam unter neuen Voraussetzungen an die Verwirklichung seines Programms von Milet zu gehen. Phönikien, das syrisch-palästinensische Küstengebiet, bestand aus einer Reihe von Stadtstaaten, deren Könige sich zum großen Teil bei der persischen Flotte aufhielten; das gleiche galt für Cypern. Alexander brachte im Winter 333/32 Stadt für Stadt Phönikiens in seine Gewalt, änderte jedoch an den bestehenden Verhältnissen nichts, sondern nahm allenfalls personelle Wechsel innerhalb der herrschenden Dynastien vor. Die Folgen zeigten sich bald. Widerstand leistete allein Tyros, das bedeutendste Handelszentrum des ganzen Raumes, gestärkt durch seine Insellage und religiöse wie politische Bindungen mit Karthago, der größten Handelsmetropole des westlichen Mittelmeerraumes. Man erklärte sich für neutral und verwehrte Alexander die Verehrung des Stadtgottes Melkart, den der griechische Synkretismus längst mit Herakles, dem Vorfahren Alexanders, identifiziert hatte. Der Versuch, die Stadt mittels eines Belagerungsdammes zu nehmen, scheiterte. Inzwischen aber waren die anderen Könige auf Alexanders Seite übergetreten und fanden sich mit ihren Flotten bei ihm in Sidon ein; mit ihrer Hilfe erst wurde die wirksame Blockade der Insel möglich. Verzweifelte Ausfälle der

*Alexander. Ausschnitt aus dem Alexander-Mosaik aus Pompeji.
1. Jh. v. Chr. Museo Nazionale, Neapel*

Belagerten mit Schiffen und Kampfschwimmern blieben ergebnislos. Ein gründlich vorbereiteter Sturm führte zu allgemeinem Gemetzel und zur Versklavung; nur der König, einige Würdenträger sowie die karthagischen Gesandten blieben am Leben.[42] Harten Widerstand leistete auch Gaza[43], während das übrige Palästina einschließlich des jüdischen Staates von Jerusalem sich ohne Widerstand unterwarf.[44] Im Spätherbst 332 betrat Alexander Ägypten.

Das Pharaonenreich war zwar 525 durch Kambyses von Persien unterworfen, in den folgenden zwei Jahrhunderten jedoch immer wieder abgefallen und niemals fester Bestand des persischen Imperiums geworden. Auch die letzte Rückgewinnung, 343 durch Artaxerxes III., hatte wenig mehr als neue Animositäten dort erweckt.[45] Bedrohung durch nubische Einfälle war um diese Zeit ein weiterer gefährlicher Unsicherheitsfaktor. Es ist daher verständlich, wenn der Statthalter Mazakes das Land übergab und die Priesterschaft in Memphis Alexander als Befreier vom persischen Joch zum neuen Pharao krönte.[46] Sein weiterer Aufenthalt in Ägypten ist von zwei Ereignissen bestimmt: der Gründung Alexandreias und dem Zug zum Orakel des Gottes Amon in der Oase Siwah. Beide Ereignisse stehen in engem sachlichem Zusammenhang. Die Verbindung zwischen Ägypten und Griechenland war alt: deshalb bedeutete ein neuer Hafen in günstiger

Lage[47] am westlichen Nilarm vor allem eine Erweiterung des Bestehenden und neue Handelsmöglichkeiten. Wie die Entwicklung der Stadt zeigt, war sie nicht ohne bereits vorher an Alexander herangetragene, konkrete griechische Wünsche und Anregungen denkbar. Zugleich aber schloß die Neugründung das Gewonnene fester als jedes andere Band an das Heimatgebiet und muß dort von vornherein als Beweis für die geplante, nunmehr entstehende neue politische und wirtschaftliche Macht über das östliche Mittelmeer bis Kyrene empfunden worden sein, und es war wichtig, daß dabei Griechenland den natürlichen Mittelpunkt darstellte. Der sich anschließende Zug zum Amons-Orakel paßte dazu, ja, er nahm sicher die Stadtgründung mit zum Anlaß. Amon hatte als thebanischer Reichsgott in Ägypten längst seine zentrale Bedeutung verloren. Die Verselbständigung bestimmter Verehrungsformen und deren Anreicherung mit Vorstellungen aus anderer Wurzel ist indes nichts Ungewöhnliches. Von hier aus ist zu verstehen, daß Einflüsse des nachweisbar seit dem 7. Jahrhundert an Bedeutung zunehmenden Orakels zwar im Nilland nicht festzustellen sind, man in Griechenland jedoch früh die Identifikation des Gottes mit Zeus vornahm und daß eine Fülle archäologischer wie dichterischer Zeugnisse auf weite Verbreitung entsprechender Gedanken schließen läßt. Kimon hatte das Orakel befragt, Lysander hatte von seinem Spruch das Anrecht auf göttliche Verehrung abgeleitet. Eine freundliche Aufnahme Alexanders aber mußte sich auf beide Bereiche, den griechischen wie den ägyptisch-orientalischen, auswirken. Nun hatte Kallisthenes bereits früher berichtet, an der pamphylischen Küste bei Phaselis sei selbst das Meer vor Alexander zurückgewichen, um ihm göttliche Verehrung zu erweisen. Wenn er nun meldete, die Priester des Gottes hätten ihn als Sohn des Zeus begrüßt, erhielt diese Aussage, nach ägyptischen Herrschervorstellungen eine Selbstverständlichkeit, in griechischer Sicht den Gehalt göttlicher Verkündigung und schloß sich an das pamphylische Meereswunder als dessen geradezu natürliche Steigerung an. Orakel in Kleinasien brachten um die gleiche Zeit ähnliche Auskunft; sie bestätigen die propagandistische wie religionspolitische Aktualität des Gottessohn-Problems in diesen Tagen. Die Folgerungen aus dieser später vieldiskutierten Aussage wollte man klugerweise freilich vorerst den Griechen selbst überlassen. Daß sie als Sanktionierung des Erreichten und Geleisteten auch über das Bisherige hinausgehende Möglichkeiten der Herrschervorstellung und des Menschenbildes in sich barg, war den Zeitgenossen sicher klar. Der Zug zum Orakel aber wird damit zum Zeichen der Anpassung an neue Dimensionen und zum Versuch, sie mit dem Überkommenen zu vereinigen. So bereitet sich ein neues Verhältnis des Ostens zum Westen vor.[48] Festspiele in Memphis unter Hinzuziehung griechischer Künstler scheinen dies zu bestätigen. Die Regelung politischer Verhältnisse in Ägypten sah eine Teilung des Landes in zwei Hälften unter einheimischen Statthaltern vor. Östlich und westlich schließen sich an das Nilland zwei davon

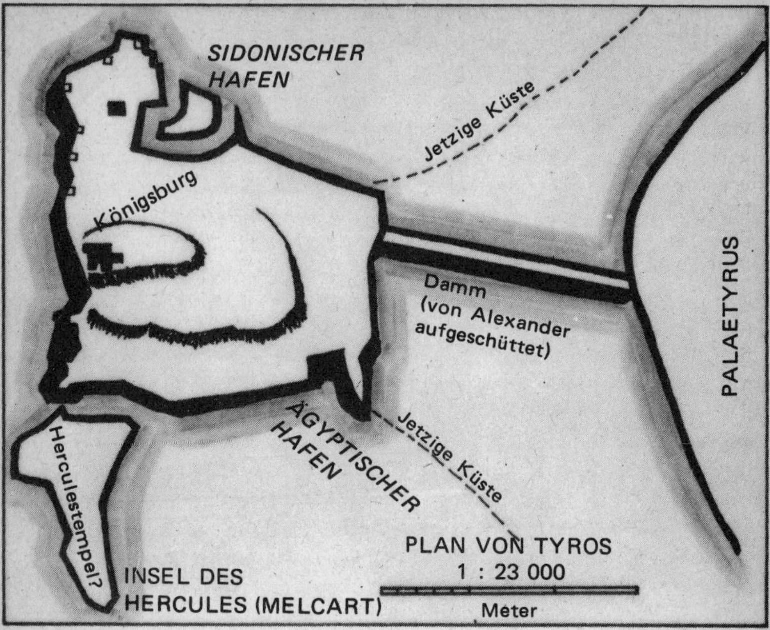

Tyros

SIDONISCHER HAFEN

Jetzige Küste

Königsburg

Damm
(von Alexander
aufgeschüttet)

PALAETYRUS

Jetzige Küste

ÄGYPTISCHER HAFEN

Herculestempel?

INSEL DES
HERCULES (MELCART)

PLAN VON TYROS
1 : 23 000

Meter

Tyros

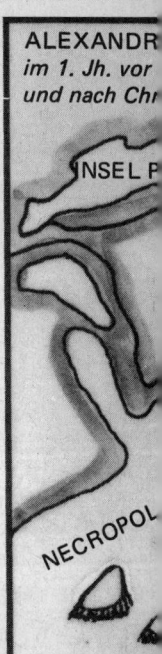

ALEXANDR
im 1. Jh. vor
und nach Chr

INSEL P

NECROPOL

Alexandreia

unabhängige Gebiete an. Der Statthalter des östlichen, der Grieche Kleomenes aus Naukratis, wird zugleich mit der Sammlung der Einkünfte aus ganz Ägypten beauftragt. Hingegen wird die zurückgelassene Garnison unter drei makedonischen Kommandanten geteilt, während die bereits von Persien nach altbewährtem Vorbild angesiedelten Söldner unter neu geregelter, eigener Verwaltung offensichtlich als weitere Verstärkung vorgesehen sind. Kurz darauf ist Kleomenes allein Statthalter Ägyptens. Die Teilung der Gewalt bewährt sich: Ägypten mit seinen Einkünften bleibt fest dem Machtbereich Alexanders eingegliedert.[49]

Noch im Frühsommer brach dieser erneut gegen Dareios auf. Der Großkönig hatte alles versucht, seine Familie zurückzugewinnen und darüber hinaus die Voraussetzungen für einen baldigen Vertragsfrieden zu schaffen. Zwar ist die Überlieferung über den von ihm begonnenen Briefwechsel mit Alexander weder in bezug auf die Reihenfolge noch im Hinblick auf den Inhalt der einzelnen Schreiben einheitlich. Ziele und Absichten bleiben sich jedoch unverkennbar gleich.[50] Nicht lange nach Issos machte ein Brief Alexander auf die ungerechtfertigte, bereits unter Philipp beginnende feindselige Haltung gegen Persien aufmerksam, schlug aber Frieden, Freundschaftsvertrag und Trennung der Interessensphären vor.[51] Die panhellenischen Verpflichtungen Alexanders wurden dabei bezeichnen-

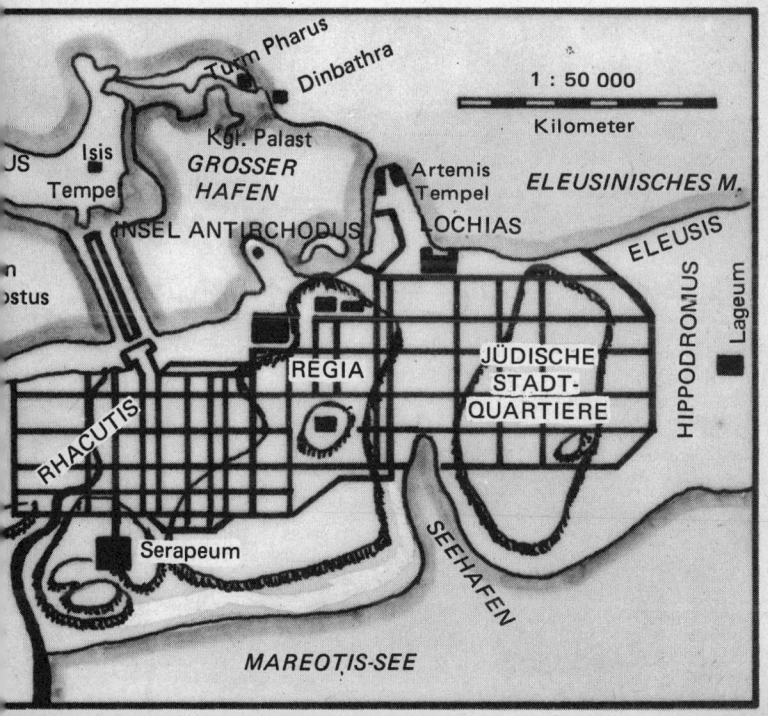

derweise nicht erwähnt. Die Antwort war eine panhellenische Abrechnung und gipfelte in der Forderung nach Unterwerfung und Anerkennung der Oberherrschaft über Asien. Erklärlich scheint ein solcher Anspruch nur aus den augenblicklichen Machtverhältnissen. Denn auch angesichts des Versprechens, im Falle der Unterwerfung das Achämenidenreich bestehen zu lassen, ist das persische Bekenntnis der Unterlegenheit zugleich als moralische Grundlage für jede künftiger Persien-Politik zu verstehen. Weiter ging ein Schreiben, das während der Belagerung von Tyros eintraf. Darin schlug Dareios die Heirat mit einer persischen Prinzessin, persische Geldsubventionen und wahrscheinlich die Garantie eines makedonischen Machtbereichs bis zum Halys vor. Die Diskussion dieser scheinbar durchaus plausiblen Punkte führte zu einer scharfen Kontroverse mit Parmenion, der zur Annahme riet. Alexander lehnte erneut ab. Ein dritter persischer Vorschlag im Sommer 331 könnte sehr wohl die Machtsphäre Alexanders bis zum Euphrat und damit auch die Einbeziehung Ägyptens anerkannt haben. Allerdings hatte sich inzwischen an den für Alexander gültigen Voraussetzungen wenig geändert. So blieb nur, auf weitere Verschiebung der Machtverhältnisse zu warten oder hinzuarbeiten, die dann einen Kompromiß unter anderen Bedingungen mit sich bringen mochten.

Daneben hatte Dareios mit einer umfassenden Aufrüstung begonnen und für die bevorstehende endgültige Entscheidungsschlacht die Kräfte östlicher und nordöstlicher Satrapien sowie die der Randgebiete mobilisiert und ein Heer zusammengebracht, wie es seit Xerxes nicht mehr aufgestellt worden war.[52] Daß Alexander die Entscheidung suchte, war bekannt. So hatte man in der Ebene von Gaugamela östlich des Tigris, 100 Kilometer westlich von Arbela, ein Schlachtfeld ausgesucht, das zugleich auch den Weg nach Ekbatana und den oberen Satrapien sperrte. Alexander, der im Sommer 331 den Euphrat überschritt, war am 22. September am Tigris und traf bald danach auf dem Schlachtfeld ein. In Anpassung an das Gelände und im Hinblick auf die überlegene Reiterei ging die persische Taktik von einer eigenen Offensive aus. Bisher hatte Alexanders Stärke stets darin bestanden, daß er die Initiative ergriff und daß sich die Stoßkraft der ganzen Armee auf den unter seiner Führung an einem Punkt vorangetragenen Angriff gleichsam konzentrierte. Diesmal sollten Initiative wie Konzentration verhindert werden. Während nach persischem Plan die Schlacht sich in eine Reihe nicht mehr kontrollierbarer Einzelkämpfe auflöste, wollte man zugleich das etwa 10 Kilometer entfernte Hauptlager erstürmen, die Königsfamilie endlich befreien und die gegnerische Armee des im Feindesland so wichtigen Trosses berauben. Das Scheitern dieses an sich gut angelegten Planes hat verschiedene Gründe. Alexander hatte angesichts der Umgehungsgefahr seine Flügel verstärkt und eine zweite Frontlinie aufgebaut. Wohl gelang es dem linken persischen Flügel unter Bessos, dem Satrapen Baktriens, den rechten gegnerischen Flügel zu

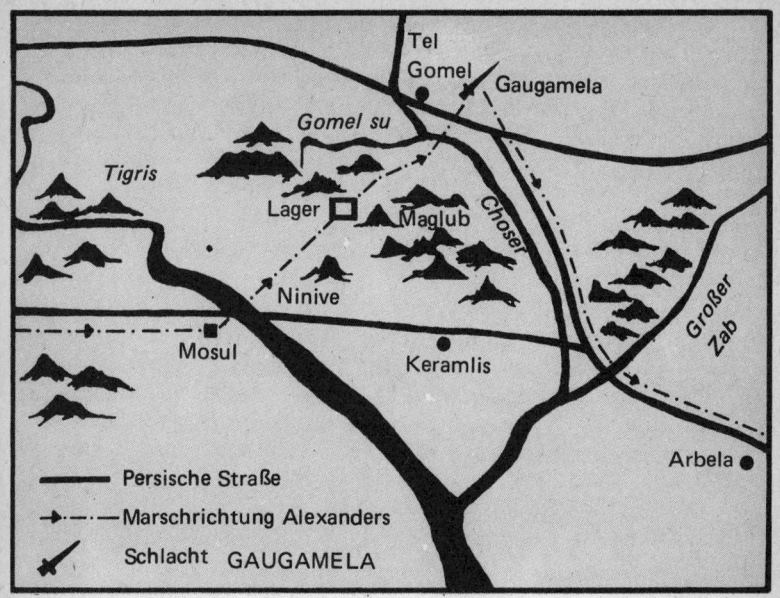

Legende:
— Persische Straße
⇢--- Marschrichtung Alexanders
⚔ Schlacht GAUGAMELA

Gaugamela

umgehen und in Gefechte zu verwickeln. Doch Alexander zog seine Front nach rechts vor, griff den Großkönig von der Seite her an und zwang ihn nach hartem Kampf zur Flucht. Ein Erfolg im makedonischen Lager blieb aus, weil die Mutter des Dareios, offensichtlich in Zweifel über den Sinn dieser Aktion, sich ihrer Befreiung widersetzte und der Angriff bald in Plünderei ausartete. Ein Angriff persischer Streitwagen zerriß die makedonische Phalanx, und beim Versuch, dem bedrängten Parmenion zu helfen, geriet Alexander in einen schweren Kampf mit einer indisch-persischen Reiterabteilung. Letztlich bewirkte auch bei Gaugamela der Rückzug des Großkönigs den Zusammenbruch. Allerdings scheinen sich die persischen Eliteeinheiten aus den oberen Satrapien einigermaßen geordnet zurückgezogen und den vorgesehenen Sammelpunkt Ekbatana erreicht zu haben. Alexander hatte den entscheidenden Sieg errungen, und mit Recht konnten ihn nunmehr die Makedonen zum König von Asien ausrufen.[53] Es war ihm jedoch nicht gelungen, den Großkönig gefangenzunehmen und eine Kompromißlösung in seinem Sinne zu erzwingen. Der Krieg ging weiter und erstreckte sich auf weithin unbekannte Gebiete mit keineswegs bereits erschöpften Kräftereserven, während die Verbindung mit der eigenen Heimat immer fragwürdiger wurde.

Während Dareios die Reste seiner Armee in Ekbatana sammelte[54], marschierte Alexander nach Babylon, dem wirtschaftlichen Zentrum und Kreuzungspunkt aller wichtigen Straßen des Reiches. Die Stadt wurde von dem Satrapen Mazaios übergeben, der kurz vorher bei Gaugamela das persische Befreiungsmanöver geleitet hatte. Daß Alexander ihn ohne besondere Einschränkung in seinem Amt beließ, leitet eine neue Phase der Persien-Politik ein, während der zugleich begonnene Wiederaufbau des durch Xerxes seinerzeit zerstörten Marduk-Tempels Alexanders Religionspolitik in Ägypten fortsetzte. Noch freilich hatte man den eigentlichen Kern des Reiches nicht berührt; die beiden Zentren Susa und Persepolis waren unbesetzt, wenn auch ohne Schutz durch den Großkönig. So brach Alexander nach wenig über einem Monat Rast zum Winterfeldzug auf. Zwanzig Tage später wurde Susa besetzt; der Palast und deponierte Steuern fielen in Alexanders Hände.[55] Der Marsch nach dem über 500 Kilometer weiter östlich gelegenen Persepolis durch die schwierigen Passagen des elamitischen Berglandes gibt noch heute Rätsel auf. Unter schwierigsten klimatischen Bedingungen wurden die bisher so gut wie unabhängigen Uxier im Handstreich überwunden, ein Umgehungsmanöver brachte den durch den Satrapen der Persis, Ariobarzanes, gesperrten Zugang nach Persepolis in Alexanders Gewalt, wo bald darauf der Verwalter die königlichen Schätze der Residenz übergab.[56]

Damit schien der Sieg vollständig. Der Großkönig war nach dem Verlust der westlichen Reichsteile auch von den Zentren seiner Macht ausgeschlossen, und der in Jahrhunderten aufgehäufte Reichtum des persischen Staates an ungemünztem Edelmetall war in Alexanders Besitz. Alles, was griechisches Wunschdenken sich hätte erhoffen können, war durch die Wirklichkeit in den Schatten gestellt. Für den sich anschließenden mehrmonatigen Aufenthalt in Persepolis[57] gibt es verschiedene Gründe. Die durch den Winterfeldzug strapazierte Armee bedurfte dringend der Ruhe, und zugleich mußten die ähnlich wie die Uxier bisher wohl nie ganz befriedeten Bergstämme der Umgegend unterworfen werden. Dazu kam, daß Alexander offensichtlich noch immer auf die Unterwerfung des Großkönigs wartete. Sollte es nämlich zu einer friedlichen Lösung und zur Gestaltung überschaubarer außenpolitischer Verhältnisse durch einen Kompromiß überhaupt noch kommen, war hierfür jetzt die letzte Chance. Eine Beendigung des Krieges in diesem Sinne aber mußte Alexander angesichts der in der Heimat unbewältigten Probleme nach wie vor als das Gebot der Stunde ansehen, gleichgültig, welche Interessen ihn getrieben haben mögen, den Osten näher kennenzulernen. Und auch einem Dareios bot eigentlich nur noch das seinerzeit von Alexander Vorgeschlagene, die Anlehnung an dessen überlegene Macht im Westen, Aussichten auf den Fortbestand eines Achämenidenreiches.

Amon. Römische Kopie. Museo Nazionale, Neapel

Nach wie vor stand Alexander tief im Feindesland, weite Räume vor und hinter sich. Nunmehr aber hatte sich militärisch wie politisch auch in Griechenland grundsätzlich vieles geändert, und Dareios mußte sich bei Empfang solcher Nachrichten darüber klar sein, daß sich die Dinge dadurch noch weiter zu seinen Ungunsten verschoben hatten. Nach der Besetzung der östlichen Mittelmeerküste war die persische Seestreitmacht 332 zerfallen, die neugegründete Griechenflotte unter Hegelochos und Amphoteros hatte mühelos die Ägäis säubern können. Freilich hatte vorher bereits die persische Führung, zweifelsohne einem Plan Memnons folgend, nochmals versucht, in Griechenland eine Kraft für sich zu gewinnen und zu fördern, die naturgemäß bessere Aussichten bot, die griechischen Animositäten gegen Makedonien in Aktion umzusetzen: Sparta war bisher trotz aller Bemühungen Philipps wie Alexanders der Vereinigung aller Griechen ferngeblieben. Doch hatte Agis III., Sohn des in Italien umgekommenen

Die lykische Küste bei Phaselis

Alexander als Amon. Tetradrachme des Lysimachos. Um 300 v. Chr. British Museum, London

Archidamos III., mit Memnon Verbindung aufgenommen und – von dessen Nachfolgern mit Geld versehen – nach der Schlacht von Issos eine Streitmacht auf Kreta und im Peloponnes aufgebaut.[58] Auch sein Ziel muß die Erneuerung des Antalkidas-Friedens gewesen sein, und es fehlte nicht an Bemühungen, die Griechen zum Abfall zu bringen. Machtzuwachs Alexanders um diese Zeit und die Wachsamkeit Antipatros' bewirkten jedoch, daß die Anhängerschaft des Agis auf den Peloponnes beschränkt blieb. Bezeichnenderweise aber war es bei Megalopolis fast zur gleichen Zeit wie bei Gaugamela auch in Griechenland zur Entscheidungsschlacht und damit zu einer nochmaligen Gefährdung Alexanders gekommen. Agis fiel nach tapferem Kampf gegen eine starke Übermacht. Antipatros indes vermied jede Härte gegenüber dem geschlagenen Gegner, forderte lediglich Entschädigung der in Mitleidenschaft gezogenen Bundesgenossen und Geiselstellung, legte aber die Entscheidung über alles Weitere in die Hände der Bundesmitglieder, die die Spartaner wiederum an Alexander verwiesen. Es müßte nun gerade in diesem Frühjahr gewesen sein, daß Alexander sich in Persepolis mit dem Problem Sparta zu befassen hatte. Seine Lösung ist unbekannt, spätere Nachrichten lassen darauf schließen, daß er die Aufnahme Spartas in den Bund verfügte, im übrigen aber alles tat, frühere Feindseligkeiten vergessen zu machen. So trifft beides zusammen: Zum Zeitpunkt, da sich die griechische Armee in der persischen Residenz aufhält, ist auch in der Heimat die Einigungsbewegung endlich abgeschlossen, und die Rache für 480 bringt zum erstenmal gleichzeitig Ansätze einer gemeinsamen Zukunft. Das erklärt auch, warum Alexander nun einen Akt vollzog, der demonstrativ den Völkern, Griechen wie befreiten Orientalen, die neue Lage verkündete: er ließ Persepolis in Flammen aufgehen.[59] Dabei bleibt belanglos, ob es sich um eine sorgsam vorausgeplante Geste oder einen Trunkenheitsexzeß handelt, zu dem nach einigen Berichten die athenische Dirne Thais den Anstoß gab. Vielleicht trifft beides zu. Die direkten wie indirekten Folgen des Ereignisses freilich sind unübersehbar, denn sie lassen das Ende des Achämenidenreiches jetzt als nicht mehr vermeidlich erscheinen. Der Rachezug mochte zu Ende sein, und bald danach entließ Alexander in der Tat die Bundeskontingente offiziell. Der einmal begonnene Krieg gegen Persien aber ging weiter, und wenige Tage nach dem Brand war die Armee auf dem Marsch nach Ekbatana.

Alexander muß um diese Zeit neben der Verwunderung darüber, warum Dareios die sich bietenden Ausgleichschancen nicht nutzte, auch eine gewisse Erbitterung empfunden haben. An seinem guten Willen bisher ist nicht zu zweifeln, und vielleicht spiegelt sich in seiner Behandlung indischer Fürsten später noch etwas von dem, was er auch dem Achämeniden zugedacht hatte. Dareios hingegen wollte ganz offensichtlich den Krieg in die weiter östlich und nördlich gelegenen Gebiete des Reiches hinübertragen, um Alexander auf diese Weise doch noch zum Aufgeben zu zwingen.[60] So blieb nur, gewaltsam die Voraussetzungen für einen neuen Anfang unter anderen Voraussetzungen zu schaffen. Bei Annäherung des Gegners setzte Dareios sich ab, die nächsten Wochen wurden zur Hetzjagd von Ekbatana nach Nordosten quer durch den Iran, wobei Alexander in immer mehr sich verringernder Entfernung den Flüchtenden nachsetzte. Die Gefolgschaft des in seiner Haltung konsequenten, jedoch in aussichtslose Lage geratenen Großkönigs bröckelte auseinander. Bessos, der Vezir Nabarzanes sowie die Satrapen Areias und Arachosiens wandten sich gegen Dareios, wohl um durch Auslieferung des Großkönigs noch im letzten Augenblick einen Kompromiß herbeizuführen. Zu Verhandlungen indes kam es nicht mehr. Jenseits der Kaspischen Tore nahe der Südostecke des Kaspischen Meeres stieß Alexander auf die restlichen Truppen des Gegners. Die Satrapen stoben davon; vorher jedoch wurde der gefangene Dareios von ihnen tödlich verwundet. Daß Alexander wenige Augenblicke danach die Leiche des Gegners mit dem eigenen Königsmantel bedeckte, ist nicht nur eine versöhnende Geste.[61] Es ist ein Programm.

Die Welt der nordöstlichen Grenze

Mit dem Tod des Dareios freilich erhielt auch der bisherige Krieg einen anderen Sinn. Sicher, Alexander war als Rächer der Griechen in Persien eingefallen und hatte mit dieser Rolle die des Befreiers in verschiedenen, auch nichtgriechischen Gebieten vereinigt. Trotz aller Unterwerfungsforderungen und Deklarationen aber lassen sich bis zu diesem Zeitpunkt konkrete Zukunftsabsichten oder weiterführende Ziele nicht klar erkennen, und es fragt sich, ob solche bisher ernsthaft erwogen worden waren. Die Ausschaltung des Dareios konfrontierte Alexander nun zum erstenmal mit dem Problem der Nachfolge für das durch ihn herrscherlos gewordene, in seiner Existenz aber längst vor ihm als notwendig erkannte Reich, dessen Dimensionen ihm selbst überdies erst mit der Zeit wirklich klargeworden sein können. Dazu kam, daß Bessos bald nach der Ermordung des Dareios sich in Baktrien zu dessen rechtmäßigem Nachfolger erklärte und damit als Konkurrent das bisher Erreichte gefährdete.[62] Es bleibt zu fragen, was geschehen wäre, wenn Alexander Dareios lebend angetroffen oder aber Bessos sich mit ihm in Verbindung gesetzt hätte. Wie die Dinge standen, mußte der Vormarsch zur Niederringung dieses neuen Gegners fortgesetzt und das restliche Reichsgebiet besetzt werden, während alles übrige, Griechenland, der Herrschaftsbereich um das Mittelmeer und die anderen, nach wie vor dringenden Aufgaben, weiterhin ein Provisorium zu bleiben hatten. Zeit war kostbar. Nach kurzer Rast wurden die Stämme des Elbursgebietes befriedet und dabei die letzten der Dareios treu gebliebenen Söldner der eigenen Armee eingegliedert. Die mit ihnen aufgegriffenen griechischen Gesandten bestrafte Alexander als der Bundesfeldherr,

Alexander. Goldmedaillon aus dem Fund von Abukir.
Ehem. Münzkabinett, Berlin

der er noch immer war.[63] Hingegen wurde der Dareios treu gebliebene Artabazos, seit vielen Jahren Gastfreund des makedonischen Königshauses und zugleich Exponent des persischen Hochadels, freundlich aufgenommen, und auch Nabarzanes wurde verziehen.

Satibarzanes, dessen Gebiet Areia Alexander bald danach auf dem Vormarsch nach Baktrien betrat, ging nach seiner Unterwerfung und Wiedereinsetzung zu Bessos über — ein deutliches Zeichen dafür, welche Gefahr allzu langes Zuwarten in sich barg. Alexander mußte umkehren und verlor wertvolle Zeit durch die Erstürmung der Hauptstadt Artakoana; Satibarzanes floh und konnte erst im nächsten Jahr ausgeschaltet werden.[64] Die Erkenntnis, daß eine breiträumigere Sicherung nötig sei, zwang Alexan-

Die Schlacht bei Gaugamela.
Nach einem Relief der Kaiserzeit, aus Laurentum

der zum Umweg nach Arachosien, um von dort aus über den Hindukusch dem Gegner gleichsam in den Rücken zu fallen. In diese Zeit fällt eine Verschwörung gegen sein Leben, die von seinem Reiterführer Philotas nicht rechtzeitig gemeldet wurde und zu dessen Verurteilung und Hinrichtung führte. Anschließend – es bleibt unklar, ob auf Beschluß der Makedonen oder aus Alexanders Furcht vor Racheakten – wurde auch der in Medien zurückgelassene Parmenion, der Vater des Philotas, auf seinen Befehl hinterrücks getötet. Eine Welle von Hochverratsprozessen erschütterte die

Spitze der Armee.[65] Auf die Situation in Hauptquartier und Armee werfen diese Vorgänge ein eigenartiges Licht; daß sie mit der allgemeinen militärischen und politischen Entwicklung zusammenhängt, scheint mehr als nur eine Vermutung.

Im Winter 330 stand die Armee dann tief im Hindukusch. Sie hatte in pausenlosen Märschen unter kaum vorstellbaren Bedingungen in diesem Jahr Übermenschliches geleistet. Am Zusammenfluß des Ghorband und des Pandschir wurde eine Stadt angelegt und als Basis für den weiteren Vormarsch ausgebaut. Bald danach brach Alexander zum Kampf gegen Bessos auf. Dieser hatte inzwischen getan, was möglich war, um die Verteidigung seines Landes zu sichern, einheimische Magnaten mobilisiert und Saken aus den Nachbargebieten angeworben. Da er versuchte, mittels der Festung Aornos Alexander den Weg zu versperren, zog dieser wahrscheinlich über den östlich gelegenen Khawakpaß auf tief verschneitem Weg und unter großen Strapazen in das Oxustal hinab und konnte die Siedlungen dieses Gebietes in seine Hand bringen, so daß der gegnerische Verteidigungsplan hinfällig wurde.[66] Bessos floh über den Strom; Alexanders Armee folgte ihm. Nicht lange danach ereilte Bessos das gleiche Schicksal wie ein Jahr zuvor Dareios. Eine Gruppe einheimischer Magnaten, die wohl die Herrschaftsübernahme ihres Satrapen begünstigt hatte, mußte einsehen, daß der Gegner nach der erfolgreichen Überwindung des Hindukusch nunmehr auch sie selbst bedrohte und suchte nach einem eigenen Weg, eine friedliche Lösung herbeizuführen. Man bot Alexander Bessos' Auslieferung an, und bald darauf nahm Ptolemaios an der Spitze eines eigens dazu abgesandten Detachements diesen in Empfang. Alexander ließ Bessos auspeitschen und ihm dabei erklären, daß er ihn nicht etwa als Usurpator bestrafe, sondern wegen des Verrats, den er an Dareios begangen hatte.[67] Dann rückte er über Marakanda noch weitere 500 Kilometer bis an den Jaxartes an die Grenze des Achämenidenreiches vor.

Mit Bessos war der letzte Gegner beseitigt. In dem von jetzt ab Griechenland wie Persien umfassenden Länderkomplex gab es keinen Konkurrenten mehr, der Alexander die sich diesem aufdrängende Rolle als Inhaber aller Macht streitig machte. Unklar bleibt allerdings, was sich die Verräter von Bessos erhofft hatten. Seit Kyros war das Gebiet nördlich des Hindukusch, die beiden Satrapien Baktrien und Sogdiana, ein wichtiger Bestandteil des Achämenidenreiches mit einer den Persern ethnisch verwandten, sozial ähnlich strukturierten Bevölkerung. Das politisch stets gemeinsam verwaltete Gebiet war zudem die Heimat der zarathustrischen Religion, deren Ethik sich hier reiner erhalten und rigoroser in die Tat umgesetzt zu haben scheint als anderswo. Nicht zuletzt unter ihrer Einwirkung hatte die Fruchtbarkeit der Niederungsgebiete zu einer hochentwickelten Bewässerungskultur geführt. Die städtischen Siedlungen des Landes bildeten ein Zivilisationselement, dessen Ausstrahlungskraft vielleicht sogar in den Siedlungen am Aralsee nachzuweisen ist. Dazu kam die

Teil eines Säulenkapitells in Susa

hohe Anziehungskraft dieser naturgemäß feudalistisch organisierten Zivilisation auf das nomadisch bevölkerte Hinterland. Sie ermöglichte nicht nur eine vielfältige Verbindung nach außen: Ständig neue Blutzufuhr angesichts des physischen wie politischen Verfalls des Achämenidenreiches muß sie den politisch tragenden Magnatenschichten des Landes ein Überlegenheitsgefühl gegeben haben, das diese auch den neuen Herren mit Gelassenheit erwarten ließ. Alles in allem mochte man es als Konzes-

Persische Gardisten. Vom Palast des Artaxerxes II. in Persepolis.
Berlin, Staatliche Museen

sion ansehen, daß man Bessos ausgeliefert hatte; dafür erwartete man nunmehr Dank. Die Tatsache, daß Alexander beabsichtigte, gerade diese Randgebiete sofort und fester als bisher dem neuen Machtbereich einzugliedern, mußte daher wie ein Schock wirken. Dazu kamen die Garnisonen der Sieger in den wichtigsten Orten wie Baktra oder Marakanda und schließlich eine sofort am Jaxartes in Angriff genommene Stadtgründung, die als Ausfallstor nach Turkestan gedacht war. Vertieft aber wurde dieser

Schock dann durch die Einberufung einer Magnatenversammlung für den kommenden Winter (329/28) nach Baktra.[68] Sie gilt als Anlaß für den noch im Herbst ausbrechenden Aufstand des ganzen Landes im Rücken Alexanders. Zwei Jahre lang hatte dieser sich von nun ab mit bisher kaum bekannten Formen eines nationalen Abwehrkampfes zu befassen — mit einem immer wieder und an verschiedenen Stellen aufflammenden Partisanenkrieg. Spitamenes, einer der Magnaten und Wortführer der Verräter an Bessos, belagerte an der Spitze verbündeter Saken Marakanda. Saken von jenseits des Jaxartes griffen die neue Stadtgründung an, während sich sieben nahe am Fluß gelegene sogdianische Städte empörten.[69] Alexander teilte als erstes die Armee und wandte sich gegen die Städte, die er einzeln erobern mußte. Die Grausamkeit bei diesem Vorgehen ist als bewußte Abschreckung wie aus der Erbitterung der Truppen zu erklären, denen ähnliches bisher nicht widerfahren war. Um gegen die sich am Jaxartes konzentrierenden Saken vorgehen zu können, überschritt man den Fluß. Mit Hilfe von Geschützen sowie einer den Verhältnissen angepaßten Taktik gemischter Verbände aus leichten und schwergepanzerten Truppen wurden die Saken in die Flucht geschlagen. Der Erfolg war, daß zuletzt der Sakenfürst um Vergebung bat und Alexander von da an nie mehr Schwierigkeiten mit diesem Volksstamm hatte. Inzwischen freilich war es Spitamenes gelungen, eine gegen ihn ausgesandte Kampfgruppe am Fluß Polytimetos nahe Marakanda in einem Hinterhalt aufzureiben und damit Alexander die erste Niederlage beizubringen.[70] Dieser konnte in einem Gewaltmarsch Marakanda entsetzen; Spitamenes aber floh zu den Massageten im

Persepolis

Dareios III. Aus dem Mosaik der Alexanderschlacht (Ausschnitt).
Museo Nazionale, Neapel

Westen. Daß Alexander bis in den Winter hinein die Sogdiana weiter mit Feuer und Schwert verwüstete, zeigt, wie der Aufstand sich inzwischen trotz aller Gegenmaßnahmen immer mehr ausgebreitet hatte.

Schließlich kam es doch noch zu der anberaumten Magnatenversammlung, bei der anscheinend nun auch erste Sympathisanten unter den Einheimischen auftraten. Daß Bessos in Medien zu Verstümmelung und anschließender Hinrichtung durch den Bruder des Dareios verurteilt wurde, verstörte die Makedonen und Griechen und weckte erste Zweifel an der menschlichen Entwicklung Alexanders; die Reflexionen unserer Quellenautoren lassen daran keinen Zweifel.[71] Es handelt sich indes um die Anwendung persischer Verfahrensweisen, und so ist diese Maßnahme denn in erster Linie als Zeichen dafür zu verstehen, wie der neue Herrscher von seinen Untertanen gesehen werden wollte. Zur gleichen Zeit zeigten sich die ersten Folgen seines Vorgehens auch gegen die Saken im Norden und Westen. Neben Bündnis-, Unterwerfungs- und Heiratsangeboten trafen sakische Stammesfürsten bei ihm ein. Völkerbewegungen gerade in diesen Gebieten lassen vermuten, daß man sich dort bereits der Vorteile einer sich konsolidierenden Großmacht bewußt wurde und Gründe hatte, sich um das Wohlwollen des neuen Großkönigs zu bemühen.

Baktrer. Relief aus Persepolis

Im nächsten Frühjahr ergriff man neue Maßnahmen zur Sicherung des Landes. Mit fünf Kolonnen wurde die Sogdiana durchgekämmt und ein System von Kontrollen und Stützpunkten errichtet, das auf die Dauer auch der beweglichsten Nomadengruppe das Eindringen unmöglich machte.[72] Bei einem mit massagetischer Hilfe von Westen her unternommenen Vorstoß des Spitamenes bis Baktra gelang es diesem, die Besatzung fast völlig zu vernichten. Eine Kolonne, die ihm nachsetzte, vertrieb ihn endgültig, und bald danach wurde er von seinen Bundesgenossen getötet. Während dieser Operationen scheint Alexander das Sicherungssystem bis nach Merw ausgedehnt zu haben. Damit nun waren die Gebiete nördlich des Hindukusch fest in seinem Besitz und weitere Kämpfe nicht mehr zu

Ausgrabungen in Damghan (Iran). Wohl nahe der Stelle, wo Alexander auf Dareios traf

erwarten. Auf die Besetzung der nördlich gelegenen Ferghana konnte angesichts der Haltung sakischer Stammesfürsten verzichtet werden. So war es an der Zeit, im Frühjahr 327 die letzten Widerstände auch in Baktrien zu brechen, wo die einheimischen Feudalherren in ihren uneinnehmbaren Felsenburgen eine potentielle Gefahr und vor allem eine Bedrohung des Nachschubs bedeuteten. Die erste Burg, die Oxyartes, einem Freund und Anhänger des Spitamenes, gehörte[73], hielt der eigene Kommandant nur mit Hilfe geflügelter Soldaten für einnehmbar. Alexander ließ durch ausgewählte Bergsteiger die Höhe nehmen und zwang damit den Gegner zum Eingeständnis der eigenen Machtlosigkeit.

Eine noch größere Wirkung hatte, daß Alexander sich in Rhoxane, die gefangene Tochter des Magnaten, verliebte und sie nach persischem Ritus offiziell zur Gattin nahm.[74] So konnte er die zweite Festung nach bereits begonnenen mühseligen Belagerungsarbeiten durch Fürsprache seines Schwiegervaters kampflos in seine Hand bringen. Die Tatsache, daß der Burgherr Chorienes bei der Versorgung der gesamten Armee nur einen kleinen Bruchteil seiner Vorräte aufbrauchte, läßt erkennen, welche Schwierigkeiten durch Alexanders Heirat von vornherein beseitigt worden waren.[75] Friedliches Einvernehmen und Einsetzung in die alten Rechte

43

waren in der Tat der einzige Weg, mit diesem Land und dieser Art von Gegnern fertig zu werden – eine Erkenntnis, aus der im 3. Jahrhundert dann auch die hellenistischen Nachfolger Alexanders ihren Nutzen zogen. Andere, nach wie vor zum Kompromiß nicht geneigte Gegner ließen sich nun durch Unterfeldherren mühelos vernichten.[76]

DER MARSCH NACH INDIEN

Damit waren die Randgebiete des Achämenidenreiches fest in Alexanders Gewalt. Darüber hinaus hatte man sogar Garantien für die Konsolidierung der Verhältnisse und die Aktivierung der Kräfte in einer Weise geschaffen, wie dies früher nie der Fall gewesen war. Nicht zuletzt muß die Eheschließung Alexanders einen großen Teil der bestehenden Vorbehalte gegen den Fremden abgebaut und der neuen Herrschaft eine brauchbare Grundlage gegeben haben. Viele im Laufe der militärischen Operationen angelegte neue Siedlungen mit gemischter Bevölkerung aus Makedonen, Griechen und Einheimischen scheinen gerade in diesen Gebieten dazu bestimmt gewesen zu sein, die gewonnenen Ansätze zu vertiefen. Zugleich ermöglichte das freundschaftliche Verhältnis zu den Nachbarvölkern eine Kontrolle der künftigen Entwicklung auch hier. So stand einer Rückkehr und der Beschäftigung mit den immer noch offenen Fragen eigentlich nichts mehr im Wege. Die gerade aus dieser Zeit überlieferten Gespräche mit Skythenhäuptlingen über einen Heimweg Alexanders durch ihr Gebiet mögen ungefähr die Stimmung wiedergeben, die damals das Heer beherrschte.[77] Dennoch wandte sich Alexander vorerst nach Osten.

Das jenseits von Arachosien und dem Hindukusch liegende Indusgebiet hatte ebenfalls längere Zeit zum persischen Reich gehört und war, seit Dareios in wenigstens zwei Satrapien geteilt, steuerpflichtig gewesen. Indische Truppen hatten am Zug des Xerxes gegen Griechenland teilgenommen.[78] Seit 400 aber hatten sich die Verbindungen gelöst. Wohl kämpften Inder noch bei Gaugamela, aber persische Verwaltung oder andere Formen von Abhängigkeit gab es östlich des Gebirges nicht mehr. Es ließ sich daher von vornherein auf Prestigedenken und Rechtfertigungsabsichten zurückführen, wenn Alexander nunmehr alte Ansprüche zu erneuern versuchte. Die weitere Entwicklung freilich zeigt, daß hier noch andere Dinge mitspielten. Die östliche Grenze des Achämenidenreiches oder die der persischen Einflußsphäre ist unbekannt. Ebensowenig ist einheitliche politische Gliederung in diesen ehemals persischen Gebieten für Alexanders Zeit nachzuweisen. Neben sich bekämpfenden Fürstentümern stehen herrscherlose Stämme mit räumlich ausgedehntem Hinterland. Beziehungen untereinander, Bündnisse, sich daraus ergebende zeitweilige Machtkonstellationen wie auch personelle Fluktuation und Ein-

Die Ermordung des Parmenion. Französische Miniatur, 15. Jahrhundert.
Bibliothèque Nationale, Paris

fluß religiöser Kräfte auf die Politik werden direkt oder indirekt erwähnt. Zugleich erfährt man von dichter Besiedlung, von der Existenz zahlreicher großer Städte und der kriegerischen Tüchtigkeit der Bewohner des heutigen Afghanistan und Pakistan. Die auffallende Härte von Alexanders Kriegführung, die sich in Indien immer mehr zu steigern scheint, läßt darauf schließen, daß er fest mit einer politischen, zur Expansion nach Westen führenden Einigung rechnete, wie sie in der Tat nach ihm bald Persien bedrohte und zur Aufgabe des Gewonnenen zwang. Dazu kommt noch ein anderes. Unsere Quellen sprechen von einem stets wirksamen, mit der Zeit wachsenden Drang Alexanders nach Entdeckung des Unerforschten, nach neuen geographischen Erkenntnissen, die das bisherige Weltbild abrunden und dadurch zugleich die eigene Herrschaft stärken sollten. Diese ganz natürliche Verbindung von Entdecker und Eroberer scheint ohne den realen Hintergrund politischer Notwendigkeit nicht denkbar. Wann Alexander zuerst genaue Kenntnis von den wirklichen Ausmaßen Asiens nach Osten hin erhielt und daraus Konsequenzen zu ziehen bereit war, ist unbekannt. Nach den von zu Hause mitgebrachten Vorstellungen bildete Indien, dessen räumliche Ausdehnung man weit unterschätzte, den östlichen Rand der bewohnten Erde und war vom Weltmeer umspült, das, wie noch Aristoteles glaubte, vom Hindukusch aus bereits mit bloßem Auge

45

*Ai Khnoum am Oxus. Blick auf die Hauptstraße der hellenistischen Stadt.
Im Hintergrund der Akropolis-Hügel*

zu erkennen sei. Andererseits legten die östlich des Hindukusch vorgefundenen Verhältnisse von vornherein die Eroberung bis zum Ufer dieses Weltmeeres hin schon um der eigenen Sicherheit willen nahe. Das heißt, jede Entdeckung Indiens hatte nur Sinn, wenn man zugleich dessen Kontrolle gewann. Hatte man in der Sogdiana noch auf Unterwerfung der sakischen Stämme Turkestans und Ausdehnung der eigenen Machtsphäre verzichten können, so wurde hier die Weltherrschaft im wahrsten Sinne des Wortes zur militärischen wie politischen Notwendigkeit. Die besondere Betonung der Entdeckerrolle in den fremdartigen, unbekannten Ländern aber könnte man in diesem Zusammenhang sehr wohl als psychologisches Mittel verstehen, das dazu diente, der eigenen Armee einen neuen, ihr kaum verständlichen Weg ins vorerst Ungewisse attraktiv zu machen. Sie steht in engem Verhältnis mit einer neuartigen Betonung des mythischen Aspektes, der diesen Zug gleichsam bewußt zu verklären scheint.

Um die Erforschung und Öffnung des Indusgebietes hatte sich schon Dareios I. bemüht. In seinem Auftrag war der Grieche Skylax aus Karyanda[79] in mehrjähriger Fahrt flußabwärts bis zur Mündung und von da bis nach Ägypten gelangt. Zugleich hatte man in Ägypten den bereits vorgefundenen Kanal vom Nil zum Roten Meer erneuert. Dabei freilich war es geblieben. Für den um die Wende vom 5. zum 4. Jahrhundert in Persien weilenden Ktesias aus Knidos, den Leibarzt am Hof des Großkönigs, war Indien bereits wieder ein fernes Märchenland. Alexander scheint von den unter Dareios gewonnenen Erkenntnissen auszugehen. Zwar wird Skylax in der einschlägigen zeitgenössischen, wohl von Alexander selbst mitinspirierten Literatur nicht erwähnt; aber gerade diese merkwürdige Art, die eigenen Leistungen hervorzuheben, zwingt indirekt zu dem Schluß, daß man gewillt war, die seinerzeit steckengebliebenen Bemühungen unter allen Umständen zu Ende zu führen. Der Stab Alexanders muß die Aufzeichnungen des griechischen Seefahrers gekannt und wird darüber hinaus in den persischen Residenzen Gelegenheit gehabt haben, sich dort lagernde weitere Unterlagen zu beschaffen, so daß Alexander genau wußte, was er wollte, als er Indien betrat. Hier, wie schon bei Dareios, aber folgte dem Gedanken an die Notwendigkeit einer Sicherung als Konsequenz der Wunsch, ein an sich innerlich fremd gebliebenes Land mit anderen als den herkömmlichen politischen Mitteln einzugliedern. Indien sollte das zweite Beispiel werden für die gewonnene Erkenntnis, daß Unterwerfung immer nur ein erster Schritt sein könne, wenn es darum ging, ein Reich von übernationalen Dimensionen zu schaffen.

Mit dem Indien-Problem selbst hatte Alexander sich früh vertraut machen müssen. Bereits 329 läßt die Anlage von Alexandreia am Hindukusch auf entsprechende Pläne schließen. In die gleiche Richtung mußte ihn die Flucht des Barzaentes, des Satrapen von Arachosien, weisen, und bald danach kam die Verbindung mit dem Herrscher von Taxila, östlich des Indus, zustande.[80] Problematisch freilich blieb, wie weit die eigenen

Baktra. Teile der hellenistischen Stadtmauer

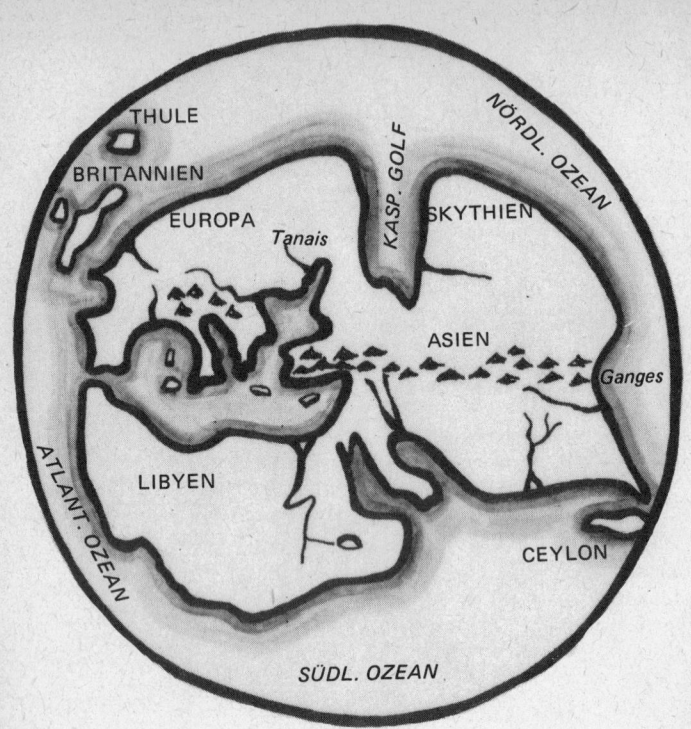

Die Weltkarte des Erastosthenes. 3. Jh. v. Chr.

Kräfte ausreichten oder sich zur Erfüllung solcher Pläne eigneten. Wohl ließ sich von der Heimat das seit 331 gesicherte politische Provisorium aufrechterhalten, und Schwierigkeiten waren von dieser Seite nicht zu erwarten. Der reichliche Söldnernachschub aus Griechenland in diesen Jahren mochte als Zeichen allgemeiner Beruhigung gelten, während die Griechen wiederum aus den neu sich gestaltenden allgemeinen Verhältnissen sicher bereits Nutzen zogen. Schwerer zu durchschauen ist die allgemeine Entwicklung innerhalb der Kräftekonstellation, auf die Alexander unmittelbar angewiesen war: der Armee. Zwar hatte man sich der Reichtümer des Achämenidenreiches bemächtigt, unbekannte Länder erobert, und der einzelne in dieser Armee – gleich welchen Ranges – mußte allmählich an die äußerste Grenze menschlichen Selbstgefühls gelangen. Aber andererseits war zu erwarten, daß unaufhörliche, sich mit den Jahren steigernde Strapazen eines Tages zu physischem wie seelischem Zusammenbruch, zu Resignation, Isolationsgefühl und gefährlicher Solidarität

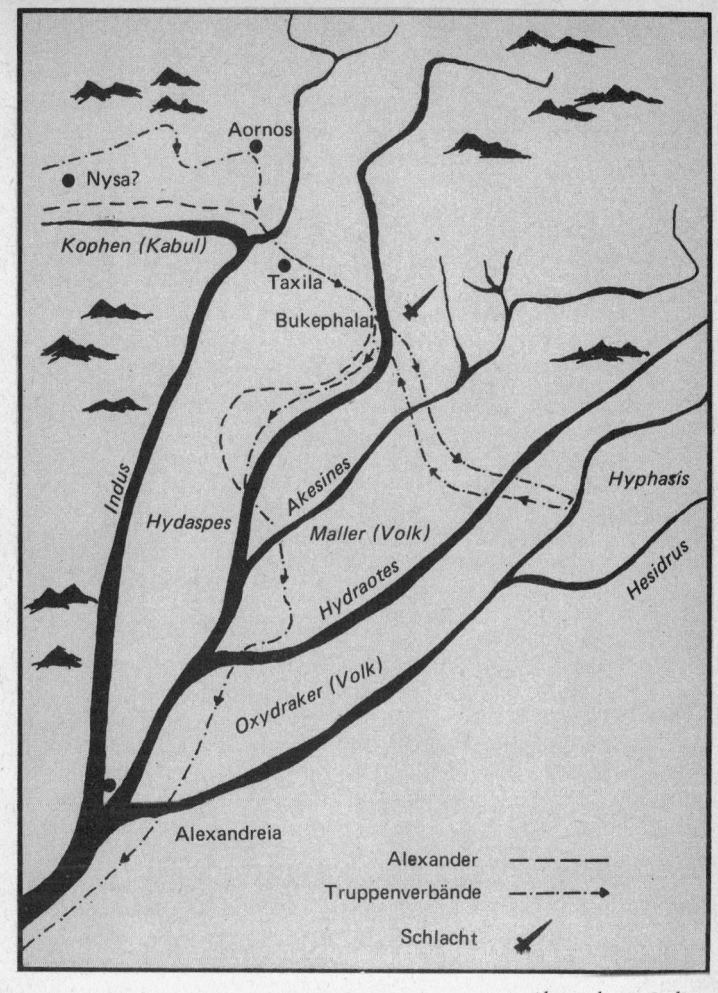

Alexander in Indien

aus neu erwachender Heimatsehnsucht führen mußten. Dazu kam noch, daß Alexander nicht mehr nur Heerkönig seines Volkes im herkömmlichen Sinn war, sondern sich vom Eroberer zum Herrscher seines neuen Reiches entwickelt hatte und daß die daraus resultierenden Spannungen das Verhältnis zu Armee und Führung belasteten. Er hatte 330, bezeichnenderweise mitten auf dem Vormarsch, in der Philotas-Affäre eine latente Opposition ausrotten und sich auf diese Weise gewaltsam die Armee für

49

weitere Jahre voller schwerer Kämpfe sichern müssen. 328 wurde Alexander in Baktra innerhalb des nächsten Freundeskreises bei allgemeiner Trunkenheit durch seinen einstigen Lebensretter Kleitos des Verrates an Philipp und an den Makedonen zugunsten der neuen Untertanen beschuldigt. Nach heftigem Wortwechsel tötete der König den Freund im Affekt. Man scheint der Armee gegenüber den Anlaß des Totschlags verheimlicht zu haben.[81] Aber auch Alexanders Verzweiflungsexzesse nach der Tat konnten nicht darüber hinwegtäuschen, daß die Wurzeln tiefer lagen. Bald danach kam es zu dem Versuch, die persische Sitte kniefälliger Verehrung einzuführen; selbst Griechen und Makedonen sollten von ihr nicht mehr ausgenommen sein. Das Ergebnis waren neue Mißverständnisse, Auseinandersetzungen, Spannungen und schließlich der Bruch mit Kallisthenes. Dieser hatte zwar den Griechen die Vorstellung vom Zeus-Sohn Alexander nahegebracht, sah nun aber wohl die von ihm vorgezeichnete Grenze überschritten. Sein Widerstand veranlaßte den König, das Vorhaben aufzugeben. Im Sommer 327 freilich gab ihm bald nach diesen Ereignissen eine Verschwörung der von Kallisthenes erzogenen königlichen Pagen die Gelegenheit, den Propagandisten zu beseitigen.[82] Als Alexander den Feldzug nach Indien begann, mußte er sich darüber im klaren sein, daß zu seiner Motivierung die herkömmlichen Argumente kaum mehr aus-

Die sog. Aldobrandinische Hochzeit. Wahrscheinlich Darstellung der Hochzeit Alexanders mit Rhoxane. Vatikan, Rom

reichten; das ganze Unternehmen war problematischer als je ein anderes zuvor. Noch im Frühsommer 327 brach man aus Baktrien auf und überquerte erneut den Hindukusch. In Alexandreia wurde der bisherige Statthalter abgesetzt und der weitere Ausbau des Knotenpunktes forciert. Etwas weiter flußabwärts detachierte Alexander Hephaistion und Perdikkas, die über den Khaiberpaß direkt an den Indus marschieren, das Gebiet der Peukelaotis in der Umgebung des heutigen Peschawar sichern und am Fluß mit dem Bau einer großen Flotte sowie den Vorbereitungen für eine Schiffsbrücke beginnen sollten.[83] Er selbst durchzog mit dem anderen Teil der Truppen die nördlich davon gelegenen, von kriegerischen Stämmen bewohnten Gebirgsländer zwischen Kunar, Swat und Indus, um dort die eigene Oberhoheit ein für allemal zu sichern. Dabei wurden die Kämpfe mit den unabhängigen Stämmen der Aspasier und Assakener immer schwieriger. Fast überall verließ die Bevölkerung, die zur Unterwerfung keineswegs bereit war, ihre Städte, zog sich in die Berge zurück und leistete Widerstand, wenn es zum Kampf kam, oft dabei auch durch Söldner aus dem Innern Indiens unterstützt. Der Terror und die Unerbittlichkeit Alexanders scheinen den Fortgang der Operationen eher erschwert als erleichtert zu haben. Erst im Frühjahr 326 traf auch er am Indus ein.[84] Unsere Quellen berichten von einer Stadt Nysa, offensichtlich im östlichen Swat

51

gelegen, in der Alexander Spuren ihres Gründers, des Gottes Dionysos, fand. Die Abhänge des nahe gelegenen Berges Meros seien von Efeu bedeckt gewesen und hätten das Heer zu einem dionysischen Fest animiert. Der historische Kern des Berichts ist schwer auszumachen und tut hier wenig zur Sache. Es bleibt indes die Frage, ob man nicht hierin unbewußte oder ganz bewußt geförderte Assoziationen sehen muß, angeregt etwa durch einen sich von selbst ergebenden Synkretismus zwischen griechischen Dionysos-Sagen und indischen Schiwah-Vorstellungen. Jedenfalls scheint eine derartige Transposition der eigenen Welt ins Mythische deutlich zu machen, in welcher inneren Spannung die Armee Alexanders dieses Land durchzog.[85] Transposition im gleichen Sinn ist es auch, wenn Alexander bei der Erstürmung des strategisch wichtigen Bergmassivs des

Skythen. Relief aus Persepolis

Das Tal des Kunar, nördlich von Kabul.
Von Alexander im Herbst 327 durchzogen

Aornos am Indus seiner Armee noch einmal äußerste Anstrengungen abverlangt und dabei die Taten des Herakles zum Vergleich heranzieht.[86]

Inzwischen hatten Hephaistion und Perdikkas am Indus oberhalb des heutigen Attock die Vorbereitungen für die Flußüberschreitung abgeschlossen, die für eine weitere Sicherung des Pandschab unumgänglich war. Lange zuvor muß auch mit der Umorganisation der Armee für eine derartig weiträumige Zielsetzung begonnen worden sein. Zwar ist über Nachschubtransporte von Truppen nach 331 so gut wie nichts bekannt, doch wird es an Freiwilligen aus der Heimat nicht gefehlt haben. Mit diesen werden die Verluste der Feldzüge ausgeglichen und wahrscheinlich sogar die vorhandenen Phalanxabteilungen um eine vermehrt worden sein. Auch hatte man längst Verbände aus unterworfenen Gebieten und Saken eingereiht, zu denen bald indische Kontingente stießen. Neue taktische Erkenntnisse und die Notwendigkeit, besonders mit gemischten, selbständigen Kampfgruppen zu operieren, scheint darüber hinaus zur Schaffung von größeren, flexiblen Kavallerieverbänden in wechselnder Zusammensetzung unter makedonischen Kommandeuren geführt zu haben. Auch verwendet Alexander schon früh Elefanten als Kampf- und als Transporttiere. Rechnet man dazu den wachsenden Troß, den Belagerungspark und alles, was sich sonst noch im Gefolge eines solchen Heeres ansammelte, werden die überlieferten Nachrichten ernst zu nehmen sein,

Alexander als Herakles. Silberne Tetradrachme, um 300 v. Chr.

die von 120 000 bis 135 000 Mann sprechen.[87] Die Armee, die sich nach Indien hineinwälzte, war demnach um ein Vielfaches größer als die ursprüngliche. Sie hatte sich weitgehend orientalisiert und war gleichsam zu einem Volk auf dem Marsch geworden. Allenfalls mögen im Kampf noch die Besonderheiten ihrer einzelnen Teile erkennbar gewesen sein.

Jenseits des Indus erreichte dieser Zug Taxila, schon damals ein wichtiges Handelszentrum und die Kulturmetropole des nordwestindischen Raumes. Daß Alexander sich dort bemühte, Kontakte nicht nur zur Priesterkaste der Brahmanen, sondern auch den jinitischen Asketen, den Gymnosophisten, zu finden, ist ebenso bezeichnend wie die Bemühungen des ihm nahestehenden Onesikritos, eine innere Verwandtschaft zwischen indischen Lehren und den Auffassungen griechischer Philosophen herzustellen.[88] Einer der Asketen namens Kalanos begleitet Alexander von da an bis zu seinem freiwilligen Verbrennungstod in Susa 324.

Taxila. Ausgrabungen der ältesten Stadtteile

Die freundschaftlichen Beziehungen zu dem Herrscher von Taxila führten allerdings zwangsläufig zur Auseinandersetzung mit dem östlich davon zwischen Hydaspes und Hydraotes sich erstreckenden Pauravareich und seinem von den Griechen Poros genannten König.[89] Noch im Frühsommer 326, bei Beginn der Regenzeit, traf man beim Vormarsch, wohl in der Nähe des heutigen Ihelum, auf den jenseits des Hydaspes wartenden Gegner. Es gelang, diesen zu täuschen und an verdeckter Stelle oberhalb den Fluß zu überschreiten. Eine herbeigeeilte indische Streitmacht von Reitern und Kampfwagen wurde zersprengt. Die eigentliche Schlacht freilich wurde diesmal nicht von der überlegenen eigenen Reiterei, sondern von der gegen die Kampfelefanten des Poros angesetzten

Infanterie geschlagen. Nach schwerem, ungewohntem Kampf wurde man der Ungetüme Herr; Poros, der mehrere Söhne verlor, ergab sich, nachdem man ihm eine seiner Würde entsprechende Behandlung zugesichert hatte, und erhielt sein Reich zurück. Andere Fürsten, wie der im Kaschmir regierende Abisares[90], erkannten die Oberhoheit Alexanders an, oder aber sie wurden durch detachierte Verbände unterworfen, wobei nicht zuletzt die an Poros und den Herrscher von Taxila gemachten Konzessionen die Haltung der einzelnen beeinflußten.

Ein Stehenbleiben beim Erreichten und ein Ende der nun begonnenen Entwicklung freilich waren nach diesem Eingreifen in politische und dynastische Auseinandersetzungen des Pandschab-Gebietes nicht mehr möglich. Alexander fand bei seinem weiteren Vormarsch Unterstützung durch die neuen Bundesgenossen; Nachschub- und Versorgungsprobleme gab es nicht.[91] Es konnte jedoch nicht ausbleiben, daß die anhaltende Regenzeit in Verbindung mit dem Gefühl, daß man sich ins Ziellose entfernte, bei den abermals überanstrengten Truppen Verzweiflung und Erbitterung weckte. Durch unglückliche Umstände kam es beim Überschreiten des Akesines nahe dem heutigen Lahore fast zu einer Katastrophe. Besonders hart waren die Kämpfe mit den Arattastämmen des östlichen Pandschab, auf die man nun stieß: Allein die Erstürmung der Stadt Sangala kostete über 1200 Verwundete, eine Zahl, wie sie in Alexanders Kämpfen noch nie erreicht worden war.[92]

PERIPETIE UND RÜCKKEHR

Im Spätsommer 326 erreichte man den Hyphasis und damit die östliche Grenze des Indusgebietes. Eine kritische Prüfung des Erreichten und der weiteren Absichten ergab sich damit ganz von selbst. Spätestens zu diesem Zeitpunkt wurde Alexander über starke, kriegerische Völker jenseits des Flusses und über schwer passierbare Wüstengebiete bis zum Ganges hin informiert.[93] So lag nahe, das Sicherungs- und Unterwerfungsunternehmen weiter auszudehnen. Andererseits war jedoch zu überlegen, ob sich eine weitere Strapazierung der erschöpften Armee noch rechtfertigen ließ. Daß die Entfernung zum Ganges etwa 400 Kilometer, das heißt zwölf Tagemärsche betrug, war bekannt. Ebensogut aber wußte man sicher nicht nur im Hauptquartier, sondern längst auch bei der Truppe, daß selbst dann jener Ostrand der von Menschen bewohnten Welt immer noch nicht erreicht war. Die Reaktion blieb nicht aus. Es kam zwar nicht zur offenen Meuterei, auch ist unbekannt, ob die gesamte Armee nunmehr bereit war, Alexander den Gehorsam aufzukündigen und auf keinen Fall mehr weiterziehen wollte. Aber da es die Makedonen waren, also der eigentliche Kern des Heeres, die nicht mehr folgen wollten, wurde ein erneuter Vormarsch illusorisch. Die Angabe, Alexander habe nun die Kommandeure zusam-

Sieg über Poros. Französische Miniatur, 15. Jahrhundert.
Bibliothèque Nationale, Paris

mengerufen, um sich deren Einfluß auf die Truppen zu sichern und sie mit neuen fragwürdigen Versprechungen darauf hinzuweisen, wie nahe man bereits jenem Weltmeer sei, erscheint zweifelhaft. Glaubhafter ist, was den Quellen nach Koinos, einer der ältesten und getreuesten Phalanx- und Hipparchienführer, vorbrachte: er verwies auf die physische Erschöpfung und auf die Sehnsucht nach der Heimat. Alexander solle, meinte Koinos, eines Tages mit frischen, unverbrauchten Kräften unter anderen Voraussetzungen das Begonnene fortsetzen. Reibe man hingegen die alte Elite auf, müsse weiterer Vormarsch mit Sicherheit zu einer Katastrophe führen, die das Erreichte gefährde. Die Quellen berichten weiter, Alexander habe zuerst Gehorsam erzwingen wollen, dann aber, als auch die Vorzeichen für die Überschreitung des Hyphasis ungünstig ausfielen, sich zum erstenmal ins Unvermeidliche gefügt, am Ufer zwölf Altäre aufgestellt und unter dem Jubel des Heeres den Rückzug zum Hydaspes befohlen.[94] Trifft dies zu, so zeigt sich, daß die Situation in der Tat kritisch gewesen sein muß. Zu fragen bleibt freilich, ob ihm selbst zu diesem Zeitpunkt noch viel am weiteren Vormarsch lag. Die Wüste Tharr bildete für das bisher Eroberte einen ausreichenden Sicherungsgürtel nach Osten hin. Zudem hatte Alexander in der Zwischenzeit ein anderes Unternehmen niemals aus den Augen verloren: die Fahrt zu Schiff den Indus hinab und von der Mündung des Flusses nach Westen hin.

Schon jene 327 an den Indus geschickten Verbände, unter ihnen immerhin etwa die Hälfte der Makedonen, hatten den Auftrag, Schiffe zu bauen, die sicher nicht allein zum Übersetzen dienten. Später war der Flottenbau an den Hydaspes verlegt worden, wo man nahe dem Schlachtfeld zwei Städte gegründet hatte. Wie Zahlen beweisen, wurde die Arbeit während des weiteren Vormarschs energisch vorangetrieben.[95] Schon dies zwingt eigentlich zu dem Schluß, daß Alexander zwar jenseits des Hyphasis neben der Erkundung unbekannter Territorien bestimmte strategisch-politische Ziele im Auge hatte, vor allem aber die ganze Zeit hindurch die Erschließung des Indusweges und seiner Möglichkeiten anstrebte, so daß es ihm nicht allzu schwer wurde, seinen Plan zu ändern. Auch das kombinierte Unternehmen zu Land und auf dem Fluß, das zur Gewinnung des Umlandes führen sollte, war wohl von langer Hand vorbereitet. Organisation und Durchführung jedenfalls lassen bezweifeln, daß Alexander eine Zeitlang ebenso wie andere vor ihm wegen des Vorkommens von Krokodilen im Indus und von Bohnen in der Umgebung des Akesines an die Identität von Indus und Nil geglaubt hat.[96] Seemännisches Personal aus den westlichen Reichsgebieten war längst bereitgestellt, der in Aussicht genommene Flottenbefehlshaber Nearch befand sich nach seiner Ablösung als Statthalter von Lykien seit über zwei Jahren wieder beim Heer. Auffallend als Akzentsetzung scheint auch die Beteiligung der Freunde Alexanders an der Ausstattung der Schiffe nicht lange nach der Konfrontation am Hyphasis.[97] Beim Aufbruch im November 326 opferte Alexander verschiedenen Göttern. Die Feierlichkeiten lassen sich nur mit denen am Hellespont vergleichen und stehen mit diesen möglicherweise in einem für uns nicht mehr klar erkennbaren Zusammenhang.[98] Auch sie aber müssen in ihrer Bedeutung lange vorher dem Heer verständlich gemacht worden sein.

Während Alexander mit ausgewählten Einheiten an Bord ging, sicherten Krateros und Hephaistion unterwegs die Ufergebiete. Bei mehrfachen Aufenthalten nahmen sie Verbindung mit einheimischen Herrschern auf. Man lernte die wirtschaftlichen Möglichkeiten des Landes kennen und plante die Anlage von Städten als strategische und politische Zentren der neuen Macht.[99] Erschwerend war freilich der starke Widerstand der Arattavölker im unteren Pandschab, wobei zum erstenmal Symptome einer mehr und mehr zunehmenden nationalindischen Opposition, geschürt durch die Priesterkaste der Brahmanen, spürbar wurden. Wohl vermochte Alexander in der Nähe der Hydraotesmündung den Stamm der Maller vor der Vereinigung mit den ihnen benachbarten Oxydrakern in einer umfassenden Einkreisungsschlacht zu schlagen. Bei der Erstürmung ihrer Hauptstadt, nahe am heutigen Multan, aber wurde er, allen voran die Mauern überschreitend, schließlich von den Seinen abgeschnitten, durch einen Pfeilschuß in die Brust gefährlich verletzt und konnte erst im letzten Augenblick gerettet werden.[100] Im weiteren Verlauf war das Unternehmen dann durch die wieder zunehmende Härte der Kämpfe, Unterwerfung und Abfall einzelner Territorialherrscher gekennzeichnet; zu einem systematischen Unterordnungsverhältnis wie im nördlichen Pandschab scheint es nicht mehr gekommen zu sein. Zwar versuchte Alexander das Land durch Garnisonen zu sichern, aber spätere Ereignisse lassen erkennen, daß von einer wirklichen Befriedung noch nicht die Rede sein konnte. Diese mag man sich für später aufgehoben haben; zunächst galt es, andere Dinge zu Ende zu bringen.

Im Sommer 325 erreichten Flotte und Heer bei der Stadt Pattala die Spitze des Flußdeltas. Sofort begann Alexander mit der Anlage von Hafenplätzen und Schiffswerften und vollendete damit das in Ihelum Begonnene.[101] Er überzeugte sich während dieser Arbeiten persönlich von der Befahrbarkeit des westlichen und des östlichen Flußarmes, bei dessen Mündung in den damals wohl eine Meeresbucht bildenden Ran of Cutch (etwa im heutigen Samarahsee) ein weiteres Werftgebiet errichtet werden sollte.[102] Zugleich wurden an der Deltaküste Versorgungsstellen angelegt und Brunnen gegraben. Damit nun beginnt der zweite Schritt des Unternehmens: die Fahrt der seetüchtigen Einheiten der Flotte zum Persischen Golf. Zur selben Zeit ließ sich Alexander auf den Indischen Ozean hinausrudern, vor allem wohl, um zu dokumentieren, daß er doch noch das Weltmeer und den Rand der Oikumene erreicht hatte und dafür den Göttern auf Geheiß Amons die gebührenden Opfer brachte, zugleich aber auch, um die Beschaffenheit des Meeres, das Vorhandensein von Inseln und mögliche neue Ziele für die Seefahrt zu untersuchen, nachdem er kurz zuvor zum erstenmal die Wirkung der Gezeiten kennengelernt hatte. Die inzwischen energisch vorangetriebenen Bauvorhaben lassen keinen Zweifel, daß in Alexanders Augen nunmehr zumindest für Indien die Eroberung gleichsam nahtlos in eine neue Ära übergehen sollte.

Noch vor Erreichen des Deltas hatte ein Teil der Armee zusammen mit Troß und Kriegselefanten den Weg über den Mullahpaß nach Kandahar genommen, um später mit Alexander wieder zusammenzutreffen.[103] So war es nun an der Zeit, vor dem nicht mehr aufzuschiebenden Abmarsch nach Westen die politischen Verhältnisse Indiens zu regeln. Schon früher hatte man das Hindukuschgebiet als paropamisadische Satrapie eingerichtet. Jetzt wurde sie bezeichnenderweise Oxyartes[104], dem Vater Rhoxanes, unterstellt. Zum Satrapen des östlich sich anschließenden Gebietes war Philippos, Sohn des Machates, ein Makedone, ernannt worden.[105] Der Umfang seines Machtbereichs ist nicht genau zu ermitteln; er erstreckte sich jedoch bis zur Südspitze des Pandschabs, mit einer Garnison in Taxila. Südlich daran schloß sich die Satrapie Peithons an, eines anderen Makedonen, am unteren Indus bis zu dessen Mündung, zusammen mit Teilen Arachosiens. Die indischen Herrscher blieben formell unabhängig; sie waren Alexander nur durch Bündnis verpflichtet, nachdem Poros schon früher die Oberherrschaft über das Pandschab östlich des Hydaspes zugesprochen und damit eine gewisse Oberaufsicht über die Gebiete östlich der eigentlichen Satrapien übertragen worden war.[106] Ähnlich wie die Gebiete jenseits des Jaxartes hatte Alexander damit auch Indien gewissermaßen als Vorfeld deklariert. Zugleich aber war ein Macht- und Kontrollgefüge geschaffen worden, das Aussicht auf Beständigkeit bot. Als kurz danach Philippos durch die eigenen Leute ermordet wurde, war es nicht zuletzt der Herrscher von Taxila, der Indien für Alexander sicherte. Poros wurde 317 durch einen ihn begleitenden Militärkommandanten makedonischer Herkunft ermordet.

Im September brach Alexander dann auf, um auf dem Landweg Persien wieder zu erreichen und zugleich, so gut es ging, die Flotte auf ihrem gefährlichen Weg abzusichern. Nach provisorischer Unterwerfung der Oreiten westlich des Deltas durchzog das Heer die Küstengebiete der Satrapie Gedrosien, kaum mehr als 10 bis 20 Kilometer von der Küste entfernt. Es hatte dabei — und auf einem Wegabschnitt, der zeitweilig im Innern des auch heute kaum recht erforschten Landes verlief — einen Wüstenmarsch hinter sich zu bringen, der ihm nochmals das Letzte abforderte. Mangel an Lebensmitteln, harte klimatische Bedingungen, dazu ungenügende Vorbereitung aus Unkenntnis der Verhältnisse oder Versagen der damit beauftragten Satrapen müssen bewirkt haben, daß ein großer Teil — vor allem auch der nicht zur eigentlichen Truppe gehörenden Frauen und Kinder — bei diesem Marsch zugrunde ging. Auch kam es zu offenem Ungehorsam, gegen den Alexander nicht einzuschreiten vermochte.[107] Nach insgesamt sechzigtägigen Strapazen erreichte man die Hauptstadt Pura. Ein Ende der Leiden freilich zeichnete sich erst in der Hauptstadt Karmaniens ab, mehrere hundert Kilometer weiter westlich, wo man wohl gegen Ende 325 planmäßig mit Krateros zusammentraf.

Die Flotte unter Nearch hatte inzwischen angesichts einer neuen Rebellion der Inder ihren Aufbruch vorverlegt, war dann aber unter verhältnismäßig geringen Anstrengungen und Ausnutzung des Monsuns die Küste entlang bis zur Meerenge von Hormuz gelangt. Nearch selbst erstattete über alle Etappen einen genauen Bericht, der uns wenigstens in Auszügen erhalten ist. Man konnte unterwegs mit dem im Oreitengebiet zurückgelassenen Leonnatos Kontakt aufnehmen, lernte später die unwirtliche Natur des Küstengebietes wie auch dessen armselige, sich allein von Fischen nährenden Bewohner kennen, litt mitunter an Wasser- und Lebensmittelmangel, machte Bekanntschaft mit Walen, und am Ende kam es noch zu Auseinandersetzungen zwischen Nearch und Onesikritos, dem

Kommandanten des Flaggschiffs, der in der Nähe von Kap Musendam die arabische Küste anlaufen wollte. Bald danach traf Nearch in Karmenien ein und konnte Alexander, der bereits mit dem Verlust der Schiffe rechnete, die Erfüllung seines Auftrags melden. Die Fahrt Nearchs hatte bewiesen, daß Indien auf dem Seeweg erreichbar war, und damit den Unternehmungen nicht nur dieses Jahres erst wirklich einen Sinn gegeben. Dankopfer und Festlichkeiten in Karmanien mögen, so wie sie zum Teil berichtet werden, übertrieben gewesen sein; berechtigt waren sie auf jeden Fall.[108] Bald danach, Anfang 324, war die Armee wieder auf dem Marsch nach Westen, während die Flotte durch den arabischen Golf und von dort aus den Pasitigris hinauf nach Susa das letzte Stück ihres Weges vollendete.[109]

DIE ABRECHNUNG

Insgesamt waren es nunmehr zehn Jahre her, daß Alexander die Heimat verlassen hatte, und seit über fünf Jahren war er auch aus den meisten eroberten Ländern wieder so gut wie entschwunden. Er kehrte gerade zur rechten Zeit zurück — nicht nur, um das bisher provisorisch Gebliebene zu vollenden, sondern mehr noch, um vorher Mißstände zu korrigieren, die während seiner Abwesenheit eingerissen waren. Schon 325, bei dem Gerücht von seinem Tode in der Mallerstadt, war ein Aufstand unter den in Baktrien angesiedelten, mit ihrem Schicksal unzufriedenen Söldnern ausgebrochen, der nur an deren Uneinigkeit scheiterte; vielleicht hat die Absendung des Krateros damit zu tun.[110] Früher bereits hatten gelegentlich Umbesetzungen in der Verwaltung vorgenommen werden müssen[111]; einige der Satrapen waren inzwischen gestorben. Die Welle der Absetzungen und Bestrafungen, die nunmehr über Statthalter und Verwaltungsbeamte hereinbrach, hatte indes mit bloßem Revirement nichts mehr zu tun. In Karmanien wurde Astaspes wegen Vernachlässigung seiner Aufgaben im Zusammenhang mit der Katastrophe in Gedrosien hingerichtet. Das gleiche geschah mit Abulites von Susa und dessen Sohn Oxathres, mit Autophradates von Tapurien und Orxines, der in eigener Verantwortung für den verstorbenen Phraortes die Verwaltung der Persis übernommen hatte. Die Zeit der Reichsverwaltung mit Hilfe der einheimischen Kräfte schien vorbei, von den aus der Achämenidenherrschaft übernommenen Satrapen sind 324 neben Oxyartes nur noch Phrataphernes von Parthien und Atropates von Medien im Amt. Als Gründe für Alexanders Vorgehen werden stereotyp Mißhandlung der Untertanen, ungerechte Amtsführung, mangelnde Sorgfalt in der Ausführung von Befehlen und Zulassung bzw. Beteiligung an Grab- und Tempelschändungen angegeben.[112] Der historische Kern solcher Angaben ist kaum zu bezweifeln. Aber nicht in jedem Fall wird man ausschließlich auf böswilligen Verrat,

Hoffnung auf den Untergang des neuen Herrn oder bewußte Resistenz der anfänglich zur Mitarbeit auch unter Alexander bereitwilligen persischen Aristokratie schließen dürfen. Die Invasion hatte das Achämenidenreich mit seinen Traditionen zerstört. Aus strategisch-politischen Erwägungen aber war über der Unterwerfung und den äußerlichen, nützlichkeitsbestimmten Bemühungen um Kontinuität die innere Befriedung versäumt worden, und allzu schnell hatte Alexander sich wieder aus dem Gesichtskreis der neuen Untertanen und Anhänger entfernt. Es war daher unvermeidlich, daß man bald das Vertrauen in die Stabilität und wohl auch an die Glaubwürdigkeit der neuen Herrschaft verlor und daß die Unklarheit über die eigene wie die politische Zukunft zu Gleichgültigkeit und Passivität führte, wobei dann allmählich alle Ordnung zusammenbrach. So erfuhr Alexander bei seiner Rückkehr in Pasargadae von der – nicht geahndeten – Plünderung der Grabstätte des Kyros, die er 330 noch unversehrt angetroffen hatte.[113] Der Pferdebestand des königlichen Gestüts auf den neseischen Feldern in Medien war durch Diebstahl auf einen Bruchteil reduziert, und in Babylon boykottierten die Priester sogar den Wiederaufbau des Marduktempels.[114] Auf seinem Marsch hatte Krateros überdies mehrere Prätendenten für den Achämenidenthron verhaftet, die offensichtlich nicht ohne Anhang geblieben waren. Die Härte, mit der Alexander durchgriff, wirkt daher nicht zuletzt wie das Eingeständnis, daß man sich gegenüber den Untertanen in Persien falsch verhalten hatte.

Alarmierender war, daß solche Verhaltens- und Gesinnungsweisen auch auf die Makedonen und Griechen abgefärbt hatten. Zwar war die Verwaltung in den westlichen Gebieten intakt geblieben, aber die Untertanen erhoben Anklagen gegen Kleander, Herakon, Agathon und den thrakischen Prinzen Sitalkes[165], die Militärkommandanten in Ekbatana und Mörder Parmenions auf Alexanders Befehl. Sie wurden hingerichtet. Harpalos, einer der ältesten Vertrauten Alexanders und seit 330 Leiter der zentralen Verwaltung sowie des Nachschubwesens in Babylon, hatte sich das Leben eines orientalischen Potentaten angewöhnt, sich persönlich bereichert und Verbindungen mit Griechenland geknüpft. Von Panik erfaßt, wartete er die Stunde der Rechenschaft nicht ab, sondern floh mit 5000 veruntreuten Talenten und einer Söldnerstreitmacht von 6000 Mann nach Athen.[116] Fast die gleichen Vorwürfe wurden auch gegen Kleomenes erhoben; zur Untersuchung kam es zwar nicht, doch fand bald nach Alexanders Tod Ptolemaios in Ägypten offenbar Grund genug, ihn zu beseitigen.[117] Wenn der weitere Zerfall des in seinem Anfangsstadium über Gebühr vernachlässigten Herrschaftssystems verhindert werden sollte, war schnell zu handeln. Man befahl den Satrapen, die bisher geduldeten eigenen Söldnerverbände aufzulösen und nahm ihnen damit das äußerliche Zeichen einer gewissen Selbständigkeit.[118] Die leitenden Stellen in den zentralen und östlichen Reichsteilen wurden mit loyalen, ergebenen Männern besetzt, die überdies im persönlichen Umgang mit Alexander dessen

Das Grab des Kyros (?) bei Pasargadae

Intentionen besser kennengelernt hatten und vor allem auch genug Energie besaßen, diese in die Tat umzusetzen. Stasanor, Leonnatos, Tlepolemos, Sibyrtios, Amyntas, Peithon und Philippos zeigten, daß es an solchen Männern nicht fehlte. Die seit 324 bekannten Satrapen, nunmehr fast ausschließlich makedonisch-griechischer Herkunft, verkörpern in der Tat eine Richtung, deren Ziel allein die schnelle Überwindung der aus der Vergangenheit resultierenden Vorbehalte und ein verstärktes Bemühen um Vertrauen auch bei breiteren Schichten der Bevölkerung gewesen sein wird. Unter ihnen zeichnet sich Peukestas, Alexanders Retter in der Mallerstadt[119] als Satrap der Persis durch geradezu fanatischen Eifer aus. Er nimmt persische Lebensformen an und erwirbt sich schnell die Zuneigung der Untertanen. Zu diesen Maßnahmen, die darauf abzielten, bisher Versäumtes nachzuholen, gehört auch der aus dieser Zeit stammende Erlaß, der in Griechenland die Rückführung der Verbannten in die einzelnen Städte anordnet.[120] Es war wohl beabsichtigt, eine analoge, wenngleich von anderen Voraussetzungen aus zu erklärende Entwicklung auch dort einzuleiten. In Susa ging Alexander noch einen Schritt weiter. Von Anfang an sollten die Beibehaltung der persischen Verwaltung und des persischen Hofzeremoniells, die Übernahme von Attributen und Funktionen des Großkönigs wie auch die Behandlung der Aristokratie den neuen Untertanen zeigen, daß die neue Herrschaft keineswegs auf einen Bruch mit der Tradition oder die Aufhebung gültiger Vorstellungen abziele. Nunmehr vermählte sich Alexander, seit 327 Gatte der baktrischen Magnatentochter Rhoxane, in einer zweifelsohne von langer Hand vorbereiteten Hochzeitsfeier mit Parysatis, der Tochter von Dareios III., und mit Barsine, der Tochter von Artaxerxes III. Die auf diese Weise dynastisch vertiefte Verbindung zwischen Eroberer und Besiegten bedeutete einen weiteren, zukunftsweisenden Schritt auf dem Weg zur Legalisation der neuen Herrschaft. Hephaistion, Alexanders intimster Freund, erhält eine zweite Tochter des Dareios zur Gattin, während sich 80 Hetairen der nächsten Umgebung nach persischem Ritus mit Töchtern des persischen und baktrisch-sogdischen Hochadels vermählen. Zugleich legalisiert Alexander das Zusammenleben von über 10 000 seiner Soldaten mit einheimischen Frauen und stattet sie mit Hochzeitsgeschenken aus.[121]

Freilich ließ sich bei alldem nicht vermeiden, daß gerade hieraus Mißverständnisse und neue Spannungen entstanden. Noch war das Problem der Makedonen ungelöst. Diese hatten, am Rande ihrer Kräfte, seinerzeit die Umkehr erzwungen und erwarteten eine Belohnung ihrer Mühen. Wie sie sich diese Belohnung vorstellten, war keineswegs klar, und nicht allen kann daran gelegen haben, nun schnell in die Heimat zurückzukehren. Andererseits aber war unvermeidlich, daß Alexander die dezimierten Verbände durch einheimische Truppen verstärkte und dabei die seit Jahren ausgebildeten persischen Ersatzeinheiten zum aktiven Dienst heranzog.[122] Angesichts der gerade in diesen Tagen mehrfach deutlich gewordenen Gewichtsverlagerung in der Dynastie- und Untertanenpolitik aber konnte es nicht ausbleiben, daß die Armee sich brüskiert fühlte. Ihr schien es, als wolle man sie um den verdienten Lohn betrügen und als plane Alexander, künftig auf ihre Kräfte und auf die Beteiligung der Heimat zu verzichten. So kam es, daß Alexanders gutgemeinte Absicht, den Soldaten die während der letzten Jahre angehäuften Schulden zu bezahlen, als Mißtrauensbeweis ausgelegt wurde, bis Alexander schließlich, um die Affäre zu beenden, auf die Vorlage von Schuldbelegen verzichtete. Als er wenige Wochen danach in Opis den Plan verkündete[123], die kriegsuntauglich Gewordenen nach Hause zu entlassen und damit einem mehrfach geäußerten Wunsch endlich nachzukommen, wurde ihm dies als Versuch ausgelegt, sich nunmehr der Makedonen überhaupt zu entledigen. Es kam zum Aufstand. In einer turbulenten Auseinandersetzung wurde der Wunsch laut, sich von Alexander zu trennen. Zwar gelang es ihm, durch energisches Auftreten das Schlimmste zu verhüten und in einem improvisierten Rechenschaftsbericht die geäußerten Vorwürfe zu entkräften. Doch die Makedonen blieben hartnäckig, und erst als Alexander nach mehrtägigem Zuwarten die Armee schließlich aus Persern neu aufzubauen begann, kam es zu einer späten Versöhnung. Für die über 10 000 Mann, die reich belohnt unter Krateros und Polyperchon in die Heimat zurückkehren durften, sollte Antipatros eine Ersatzarmee heranführen, während Alexander für die Versorgung der im Osten zurückbleibenden Familien, besonders die Ausbildung der Kinder, sorgte.[124]

Aber noch vorher, auf einem großen Versöhnungs- und Abschiedsfest, hielt er es für nötig, vor mehreren tausend Persern und Makedoniern, griechischen Priestern und persischen Magiern, die Götter um Eintracht zwischen Ost und West und das Gefühl der Zusammengehörigkeit wenigstens der tragenden Elemente innerhalb des eben entstehenden neuen Reiches zu bitten.[125]

DAS LETZTE JAHR

Im übrigen war die Zeit nach der Rückkehr nur scheinbar ein Ausspannen und Erholen. Die Aufreihung von Alexanders Unternehmungen und Tätigkeiten zeigt, daß gerade die letzten zwölf Monate seines Lebens von einer steten, ja sich deutlich immer mehr steigernden Hektik erfüllt gewesen sind. Von Susa aus fuhr er ums Frühjahrsende zu Schiff den Eulaios hinab zum Meer und von dort den Tigris aufwärts bis nach Opis, der engsten Stelle zwischen Tigris und Euphrat, wo er die Makedonen entließ (Sommer 324). Unterwegs beseitigte er die von den Persern angelegten, jetzt nicht nur unnötigen, sondern sogar hinderlichen Sperren im Fluß.[126] Im Frühherbst finden wir ihn dann in Ekbatana. Während er dort Spiele abhielt, starb Hephaistion. Die Ursachen dieses Todesfalles sind nicht bekannt; die Nachricht, Alexander habe die beteiligten Ärzte wegen Fahrlässigkeit streng bestraft, muß keineswegs falsch sein. Zuvor bereits war Koinos in Indien gestorben, Krateros als Kranker nach Hause geschickt worden; so kündigen sich wohl auch hier die Folgen der übermenschlichen Anstrengungen in den vergangenen Jahren an. Unsere Quellen berichten, Alexanders Trauer habe alles Maß überschritten. Ein Grabmal im Wert von 10 000 Talenten wurde in Babylon bestellt und eine Leichenfeier vorbereitet, an der mehrere tausend Künstler teilnehmen sollten. An Amon erging die Bitte, er möge dem Toten das Recht göttlicher Verehrung zugestehen. Dabei ist die Schwere des Verlustes für Alexander wohl keineswegs allein vom Menschlichen her zu verstehen, denn Hephaistion weist mehr abstoßende als gewinnende Züge auf. Olympias' Warnung vor ihm wirft ein eigenartiges Licht auf sein Verhältnis zu Alexander. Für diesen war er aber offenbar der Zuverlässigste und zugleich einer der besonders vielseitig verwendbaren Gefährten gewesen. Er hatte nicht nur an allen wichtigen Ereignissen wie auch den kritischen Affären Anteil, sondern bewährte sich vor allem in den nicht unmittelbar zum Militärischen gehörenden Dingen; keiner hat so viele Städte im Auftrag Alexanders angelegt wie er. Als dem Kommandeur der ersten, angesehensten Hipparchie hatte Alexander ihm die aus dem Achämenidenreich überkommene Vezirswürde verliehen, ihn damit zum zweiten Mann im Reich gemacht und sich mit

Das Zagrosgebirge im Gebiet der Kossäer

ihm verschwägert – kurz, wie immer sich die Dinge entwickelten, Hephaistion war die wichtigste Stütze seiner Politik, und sein Tod hinterließ eine Lücke, die wohl auch, wenn Alexander länger gelebt hätte, nur schwer zu schließen gewesen wäre.[127]

Im folgenden Winter unterwirft Alexander die Kossäer, einen Stamm im Zagrosgebirge, zwischen Susa und Ekbatana. Die Aktion wird von den Quellen als Versuch hingestellt, den durch den Tod des Freundes erlittenen Schock zu überspielen; sie schildern die Härte, mit der das Volk fast ausgerottet wird. Ganz aus der Luft gegriffen wird diese Darstellung nicht sein. Ähnlich wie seinerzeit die Uxier waren die Kossäer im Achämenidenreich ein Fremdkörper, und so muß das Unternehmen wohl auch aus dem großen Zusammenhang von Neuordnung und Vollendung der Organisation verstanden werden – als ein Nachholen dessen, was 330 versäumt worden war.[128]

Dann, noch im Winter, trat Alexander den Marsch nach Babylon an.

Babylonische Abordnung. Bruchstück eines Reliefs. 4. Jh. v. Chr.
Museum, Persepolis

Seine Rückkehr war inzwischen in den Ländern des Westens bekannt geworden, wo man zweifellos schon längst über die sich innerhalb des ehemaligen Perserreiches vollziehende allgemeine Neuentwicklung Bescheid wußte. So ist es nur natürlich, daß um diese Zeit von überallher Gesandtschaften eintreffen, um die alten Kontakte wieder aufzunehmen oder aber um die nicht zu übersehende Neukonstellation der Kräfte möglichst bald für sich zu nutzen.[129] Man hat die im Zusammenhang mit diesen Berichten erwähnten Völkernamen mehrfach bezweifelt und eine Vermengung mit späteren Ereignissen oder Zuständen angenommen. Vorbehalte solcher Art scheinen indes keineswegs nötig. So hatten die Griechen seit 331 sicher nie ganz den Kontakt zu Alexander verloren. Gratulation zur glücklichen Rückkehr und zahlreiche Anfragen, nicht zuletzt wegen des inzwischen akut gewordenen Verbanntenproblems, mögen um diese Zeit ebenso Grund zur eifrigen Aufnahme von Kontakten gewesen sein wie die Sondierung der eigenen Zukunft. Karthago wiederum, die größte Han-

67

delsmacht des Mittelmeeres, das mit Alexander zum erstenmal 332 in Berührung gekommen war, hatte sicher schon angesichts der eben eröffneten neuen Verbindungen nach Osten an engen Beziehungen Interesse. Ähnliches mag für die in karthagischem Einflußbereich liegenden Küstengebiete Spaniens und Libyens gelten. Mit Kyrene stand Alexander seit 331 im Bundesverhältnis; die Getreidespenden Kyrenes an Griechenland, Epirus und Makedonien um diese Zeit müssen einiges zur Linderung der allgemeinen und anhaltenden Hungersnot beigetragen haben.[130] Während für die südlich von Ägypten gelegenen Länder das Alexanderreich die Fortsetzung des persischen Reiches bedeutete, standen die Balkanvölker, die Thraker, Kelten und Geten, teilweise seit Philipps Zeit im Bundesverhältnis zu Makedonien und hatten ihre Rolle als Söldnerquelle wohl nicht ungern wahrgenommen. Nachdem um 325 Zopyrion, der Befehlshaber Thrakiens, auf einem Feldzug an der Westküste des Schwarzen Meeres gefallen war, mochte ihnen nun besonders daran gelegen sein, Mißverständnisse zu klären. Ähnliches könnte selbst für Illyrien gelten. In Italien wiederum war nicht lange nach Alexanders Aufbruch sein gleichnamiger Oheim und Schwager, der Molosserkönig, umgekommen. Er selbst hatte in Großgriechenland nach 331 Aufmerksamkeit erregt[131]; unteritalische Griechen befanden sich in seinem Lager. Angesichts der ungeklärten Verhältnisse und der gefährlichen Kräftekonstellationen besonders in Mittelitalien um diese Zeit war es daher nur verständlich, daß die Bruttier und die Lukaner Gesandte schickten. Daß dies auch von Rom aus geschah, berichtet der noch im 4. Jahrhundert schreibende Kleitarch von Alexandreia. Da Nachrichten über Beziehungen Roms zu hellenistischen Staaten sonst erst aus der ersten Hälfte des 3. Jahrhunderts bekannt sind, lag es nahe, den Bericht des Kleitarch als Fälschung abzutun. Man wird indes nicht übersehen dürfen, daß Rom, welches durch die Etrusker immer in Verbindung mit dem Osten gestanden hatte und überdies längst karthagischer Vertragspartner war, gerade mit jenem Molosser sich vertraglich verbunden und zudem jetzt (323), im zweiten Samniterkrieg, einen Kampf auf Leben und Tod begonnen hatte. Es paßte gut zu den auch sonst bekannten Verfahrensweisen römischer Politik, daß man sich nach einem potentiellen, starken Bundesgenossen umsah.[132]

Wie immer jedoch die Dinge im einzelnen gesehen oder verzeichnet sein mögen, spätestens in diesem Winter 324/23 muß Alexander sich nicht nur in der Lage, sondern geradezu verpflichtet gefühlt haben, ordnend auch in den Gebieten einzugreifen, die formell nicht seiner direkten Kontrolle unterstanden.[133] Seine weitere politische Zielsetzung erklärt sich damit von selbst. Antike Überlieferung sieht in den Gesandtschaften einen Hinweis auf neue Kriegs- und Eroberungspläne und überträgt dabei das Bild des Alexander vom Hyphasis wohl allzu unbeschwert ans Mittelmeer. Schloß das Auftreten dieser Gesandtschaften nicht gerade jede Notwendigkeit kriegerischer Absichten von vornherein aus? Gab es nicht Aufgaben, die im Augenblick vordringlicher waren?

Wohl bereits in Karmanien, nach Abschluß des Indien-Zuges, scheinen Pläne zum weiteren Ausbau des Erreichten entworfen[134] und erste Anordnungen zu einem umfassenden Flottenbau in Phönikien erlassen worden zu sein: ein erster Schritt zur Intensivierung der Verbindung nach Westen. Nicht lange danach zog eine Expedition unter Herakleides an das Kaspische Meer, um endgültig dessen Lage und Beschaffenheit zu klären und zu erkunden, welche Zugangsmöglichkeiten sich ergaben, je nachdem, ob dieses Meer ein Binnensee oder aber eine Bucht des großen Weltmeeres im Norden war. Zugleich wurde auch der nächste Schritt im Sinne jener Skylax-Fahrt getan. Von einer direkten, genutzten Seeverbindung zwischen Arabien und Indien um diese Zeit ist nichts bekannt. Aussparen ließ sich Arabien jedoch nicht, denn der Weg von Indien nach Ägypten und zur südlichen Mittelmeerküste war ohne Gewinnung und Sicherung der Küstengebiete nicht denkbar. Deshalb sollten Archias und Androsthenes aus Thasos den persischen Golf und dessen Küstenverhältnisse erkunden. Das gleiche geschah von Ägypten aus, und bereits im Frühjahr 323 liefen die Vorbereitungen zu einem kombinierten Land- und See-Unternehmen, das Arabien in den Machtbereich Alexanders einbeziehen sollte. Zu den Erwägungen dieser Zeit würde auch die Nachricht von einer geplanten Umsegelung Afrikas passen, wie sie bezeichnenderweise unter Necho, dem Erbauer des ersten Nil-Rotmeerkanals, schon einmal unternommen worden war.[135]

Bei einer solchen Interessenverlagerung war Babylon schon seiner Lage wegen der natürliche Angelpunkt, und sicher wurde Alexanders Besuch dort längst erwartet. Die Priesterschaft hatte allerdings Gründe, besorgt zu sein, und wohl nicht zuletzt deshalb hören wir von chaldäischen Weissagungen, die Alexander einen baldigen Tod androhten, falls er mit der Armee die Stadt betreten sollte.[136] So gut es ging richtete Alexander sich danach. Kaum eingetroffen, begann er mit einem großzügigen Ausbau. Die Stadt erhielt ein Hafenbecken und Werftanlagen für mindestens 1000 Schiffe; vorerst benötigte Einheiten wurden in Phönikien gebaut, zerlegt und dann am Euphrat wieder zusammengesetzt. Zugleich verbesserte Alexander das Kanalsystem der Umgegend bis nach Arabien hin, um die Bewässerung des Landes und die Regulierung des Flußlaufes zu fördern. Neben einer Stadt an der Eulaiosmündung entstand in diesen Tagen eine weitere inmitten dieses Kanalsystems, besiedelt von kriegsuntauglichen Griechen und einheimischer Bevölkerung. Daneben holte sich Alexander Phöniker aus den übervölkerten Küstengebieten des Mittelmeeres und startete eine groß angelegte Umsiedlungsaktion an die Küste des persischen Golfes.[137] Dies war der zweite Schritt, um die neugewonnenen Küstengebiete zugänglich zu machen, den Seeweg nach Indien zu verkürzen und die damit geschaffenen Verbindungsmöglichkeiten auszunutzen.

Neue Gesandtschaften aus Griechenland bestätigten Alexander die schon früher von ihm erbetene göttliche Verehrung seiner Person, und auch Hephaistion, für den das Amons-Orakel um die gleiche Zeit den Heroenkult anordnete, wurde in Griechenland wie in Ägypten verehrt.[138] Er selbst stand nun auf dem Höhepunkt seines Lebens, und vermutlich rechnete er bei dem, was etwa außenpolitisch noch zu bewältigen war, kaum mehr mit Schwierigkeiten. Der Tod Hephaistions mochte für ihn ein Omen gewesen sein. Jetzt kamen Weissagungen nicht nur der Chaldäer, sondern selbst der eigenen Umgebung hinzu[139], die davor warnten, dem Menschen gesetzte Grenzen mutwillig zu überschreiten. Es wird von ungünstig lautenden Vorzeichen berichtet, die Alexander hinterbracht wurden. Nach einer später vielfach variierten Anekdote verlor er bei einer Fahrt durch die babylonischen Kanäle das königliche Diadem, das sich ein Seemann, der es zurückholte, im Wasser um die Stirn legte. Wie eine andere Anekdote berichtet, nahm aus Zufall ein Unberufener auf dem nur für den König bestimmten Thron Platz.[140]

Vor dem auf den Hochsommer festgelegten Arabien-Unternehmen begann Alexander mit Hilfe des von Peukestas aus der Persis herangeführten Heeresnachschubs gemischte persisch-makedonische Verbände aufzustellen.[141] Anfang Juni, während der Vorbesprechungen und der täglich stattfindenden Gelage, erkrankte er. Arrian und Plutarch referieren Auszüge aus dem offiziell geführten Tagebuch des königlichen Hofes, das minuziös jede Handlung Alexanders während der letzten Tage festhält. Danach vollzog er trotz des steigenden Fiebers und zunehmender Schwäche ordnungsgemäß die herkömmlichen Opfer, hielt bis zuletzt an seinen Plänen fest und setzte die Besprechungen fort. Eine genaue Diagnose des rapiden physischen Verfalls ist heute kaum mehr zu stellen; es kam wohl vieles zusammen, das die Entwicklung der Krankheit beschleunigte. Als nach einigen Tagen feststand, daß auf eine Genesung nicht mehr zu hoffen war, verlangten die Soldaten, den König noch einmal zu sehen. Einer nach dem anderen zogen sie schweigend an seinem Lager vorbei, während er selbst ihnen nur noch mit den Augen ein stummes Zeichen des Abschieds zu geben vermochte. Am Abend des folgenden Tages suchten einige der Freunde den Gott – wohl Marduk – durch ein Traumorakel zu befragen, ob vielleicht er in seinem Tempel Alexander noch Heilung bringen könne. Dieser jedoch gab ihnen ein Zeichen, der Kranke solle bleiben, wo er sei. Tags darauf ist er gestorben.[142]

Die Umstände seines Todes gaben Anlaß zu Verdächtigungen und Mutmaßungen, und das Gerücht, er sei ermordet worden, ist nie ganz verstummt. Bedenkt man jedoch, daß jeder physischen Kraft Grenzen gesetzt sind, so erscheint einem Alexanders früher Tod lediglich als die Antwort der Natur auf eine Jahre hindurch betriebene, übermenschliche Anstrengung.

VORAUSSETZUNGEN UND HINTERGRÜNDE

Die westliche Komponente

Antike Darstellung und spätere Deutung sehen Alexander ausnahmslos als ein Phänomen von einmaliger Größe, vor dem normale Maßstäbe versagen. Dies rührt nicht nur aus der merkwürdigen Ergebnislosigkeit seines Auftretens: Auch das Bild des Menschen Alexander ist bei aller – durch Anekdoten bis zum Überdruß gespeisten – Überlieferung merkwürdig blaß, gleichsam in sich geschlossen und ohne Zugang. Dem übermenschlichen Maß an Energie, Leistung und Suggestivkraft entspricht die offensichtlich schon früh von ihm selbst als übermenschlich empfundene eigene Persönlichkeit. Die Folge war, daß er im Denken wie in seinem Verhalten bewußt und radikal den Boden des scheinbar Natürlichen, Realen verließ, zwangsläufig Aversionen bei den Zeitgenossen erweckte und letztlich eine bleibende Wirkung auf diese verlor. Bald nach seinem Tod hat sich die von ihm berührte Welt wieder abgewandt und ist zu ihrem bescheidenen Alltag zurückgekehrt. Alexander fand zwar in der Literatur und im Mythos ein gewisses Nachleben, aber selbst auf die nach ihm sich entwickelnde, antike Herrscherideologie ist sein Einfluß im großen ganzen gering. Dieser Eindruck aus der antiken, vor allem der zeitgenössischen Überlieferung ist psychologisch verständlich. Den Dingen gerecht wird er freilich kaum.

Alexander sprengte in wenigen Jahren nach fast allen Richtungen hin die seiner Zeit gesetzten Schranken. Nichts aber läßt erkennen, daß damit eine Kraft sich Platz schuf, die sich vermaß, die Welt nach ihrem Willen umzuformen und dabei willkürlich die Grenzen historischer Notwendigkeiten zu bestimmen. Mehr als auf den ersten Blick erkennbar, erweisen sich vielmehr die zwölf Jahre Alexander-Geschichte bei näherer Prüfung eher als das Gegenteil, nämlich als ein ständiges Sichbewähren durch Sichanpassen an eine übermächtige Umwelt und deren sich verändernde Konstellationen, als Zwang zur Bewältigung durch Konzession und Sichbemühen um Erreichen unvermeidlich gewordener Ziele mit Hilfe eines Minimums von gewaltsamen Eingriffen. Die Frage, wie weit ein Mensch mit den äußeren Voraussetzungen Alexanders seine historische Rolle instinktiv zu begreifen und sein Handeln danach einzurichten vermag, ist hier nicht zu stellen und in gerade diesem Fall noch schwerer zu beantworten als in irgendeinem anderen. Genaugenommen ist Alexanders Lebenslauf alles andere als das Erdenwallen eines über die Wirklichkeit erhabenen Genies. Er besteht vielmehr in fortwährendem Fertigwerden mit Trivialitäten, in der Bewältigung von Aufgaben, die er sich keineswegs selber gestellt hatte und deren Anwachsen sich seiner Kontrolle entzog. Ob und wann er selber begann, wie seine Interpreten es tun, diese Summe von Details unter jenen gemeinsamen Nenner zu stellen, der ihm erst seinen Platz in der Geschichte gab, ist ungewiß. Es scheint, daß zumindest die

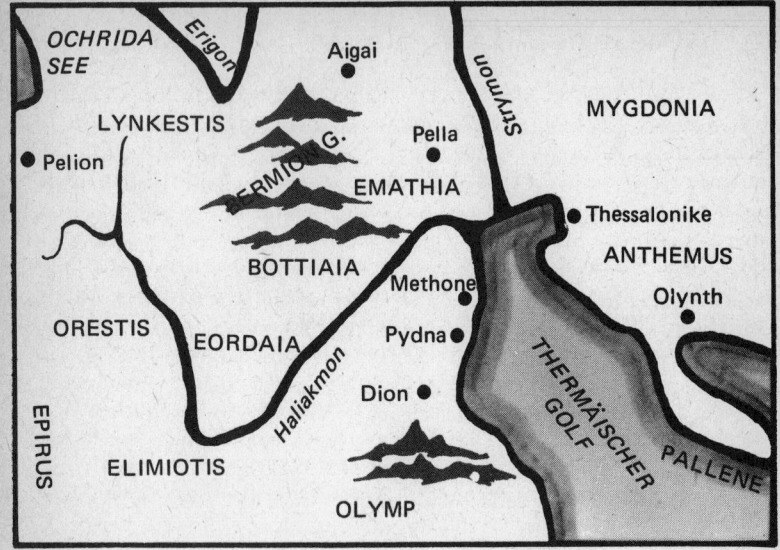

Makedonien

ersten Jahre ihm dafür kaum viel Zeit ließen. Wohl zwangen dann die wachsenden Probleme und Dimensionen den Pragmatiker, seine Rolle zu definieren, für die er weder ausreichende Vorbilder noch Anhaltspunkte besaß. Doch nichts läßt erkennen, er habe sich je der Illusion hingegeben, mehr als den Anfang einer dringend notwendig gewordenen allgemeinen Neugestaltung der Verhältnisse herbeigeführt zu haben. Seine Zeitgenossen haben darauf verzichtet, die von Alexander begonnene Entwicklung fortzusetzen. Sie taten dies aber kaum, weil sie ihnen unverständlich oder utopisch erschienen wäre. Man hatte Alexander vielmehr loyal auf seinem Weg begleitet, und die Welt, die man sich nachher schuf, läßt vermuten, daß man den allgemeinen Fortgang der Dinge sowie die mit diesem verbundenen Intentionen Alexanders als den natürlichen, folgerichtigen ansah.

Bei alldem scheinen die allgemeinen Voraussetzungen für Alexanders Auftreten deutlich und klar. Sie sind in der Welt zu suchen, aus der er kommt, in der makedonischen, und in der, die er übernimmt, der griechischen. Dazu gesellt sich dann bald die persisch-orientalische Welt, die ihm aufgezwungen wird, und der Versuch einer Synthese zeichnet sich früh als ein unausweichlich gewordenes Lebenswerk ab. Hintergrund und Ursache seiner historischen Rolle wiederum liegen im Detail, das heißt in der Situation, die er jeweils antrifft. Sie erklärt sich aus dem Wechselverhältnis ethischer, politischer und sozialer Spannungen seiner Zeit; was sich vor diesem Hintergrund als Fülle von Einzelheiten abzeichnet, ist eigentlich immer nur die Auseinandersetzung mit diesen Spannungen gewesen. Und es ist keineswegs so, daß Alexander bei seinem Tod mit ihnen fertig geworden war.

Am einfachsten haben wir es scheinbar mit Makedonien, einem längst schon in sich geschlossenen Staatswesen mit einigermaßen fester, überschaubarer Struktur und einer schon aus der geographischen Lage wie auch aus den inneren, sozialen Verhältnissen sich ergebenden politischen Zielsetzung. Makedonien bildet seit der Landnahme in der Bronzezeit ursprünglich ein Konglomerat ethnisch verwandter, durchwegs monarchisch regierter Stämme zwischen Ägäis, Donau, Haliakmon und Ochridasee. Zwischen den Thrakern im Osten und den Illyrern im Westen scheinen diese Stämme früh schon um ihrer Selbsterhaltung willen in einen Einigungsprozeß hineingedrängt worden zu sein, der unter allmählicher Einbeziehung aller Stämme sich als Flächenstaat herausbildete, wobei die einzelnen Bestandteile sich auch innerlich mehr und mehr anglichen. Für die Griechen im Süden mochten die Einwohner dieses Landes immer Barbaren bleiben; das Land selbst war aber seit je ein wichtiges Rohstoff- und Absatzgebiet. Nicht zuletzt war das griechische Interesse an stabilen Verhältnissen, das heißt vornehmlich an einer politisch kontrollierenden Macht, seit je sicher groß. Bezeichnenderweise war es denn auch das am stärksten von griechischen Siedlungen am thermäischen Golf sowie auf Chalkidike berührte und demnach wohl griechisch beeinflußte Fürstentum der Landschaft Emathia zwischen dem unteren Axios und dem Bermiongebirge, das diesen Einigungsprozeß begann, kontinuierlich an ihm festhielt und dem Staatsverband unter eigener Führung eines der Fürstentümer nach dem anderen einverleibte. Verträge zwischen Makedonien und den griechischen Staaten sind häufig und mehrfach ist aktive gegenseitige Hilfeleistung nachzuweisen. Die Verbindung mit Griechenland bedeutete für die Könige wie für das Volk des mehr und mehr sich in das Balkangebiet hinein ausdehnenden makedonischen Reiches einen moralischen Rückhalt und eine Rechtfertigung vor den Untertanen und Nachbarn; die Könige faßten ihre Rolle bereits im 6. Jahrhundert bewußt als einen ernst zu nehmenden Kulturauftrag auf. Zumindest unter Alexander scheint die griechische Sprache in Makedonien weitgehend bekannt zu sein. Städte werden gegründet und ausgebaut: Aigai, als älteste Residenz; Dion am Nordfuß des Olymp; Pella nordwestlich von Thessalonike, angelegt durch Archelaos I. Einheimische orgiastische Götterkulte werden früh zu griechischen religiösen Vorstellungen in Beziehung gesetzt. Alexander der Philhellene (494–454) bemüht sich erfolgreich um Teilnahme an griechischen Festspielen und wird, obwohl unter persischer Oberhoheit stehend, zum Retter der Griechen in ihrem Entscheidungskampf um die eigene Existenz 480 und 479.[143] Mit ihm wohl auch beginnt die makedonische Münzprägung. Die Dynastie führt ihren Ursprung auf Herakles zurück und bezeichnet früh Argos als ihre Heimat.[144] Amyntas I. (Ende des 6.

Jahrhunderts) hatte dem vertriebenen Tyrann Hippias aus Athen eine Zuflucht geboten, später wird der makedonische Hof zum Aufenthalt von Aischylos, Simonides, Bakchylides und Euripides, von weniger bedeutenden Dichtern wie Choirilos, Timotheos und Agathon abgesehen; Archelaos I. (413–399) will den zum Tode verurteilten Sokrates aus Athen entführen.

Hand in Hand mit der äußeren Entwicklung geht der innere Ausbau des Reiches, in dessen Einrichtungen sich Spuren eines patriarchalischen Königtums als verfestigte Komponente der Einwanderungszeit erhalten.[145] Neben dem König mit seinen priesterlichen und militärischen Funktionen steht eine Heeresversammlung als Verkörperung des Volkes mit Entscheidung über wichtige staatsrechtliche Fragen wie Herrschaftsnachfolge oder Hochverrat.[146] Wachsende politische Stabilisierung und Gewinnung brauchbarer Ansiedlungsgebiete lassen mit dem Ausgreifen des Staates daneben einen dem König verpflichteten, landbesitzenden Feudaladel, die Hetairen, heranwachsen. Der ständige Zustrom zu diesem aus unteren Schichten als Folge einer immer weiteren Ausbreitung bedeutet nicht nur fortschreitende wirtschaftliche Stabilisierung in einer bäuer-

Pella. Rekonstruktion des nördlichen Peristyls

Alexander auf der Jagd (Ausschnitt)

lich-ländlichen Welt, sondern zugleich Festigung der Monarchie. Innere Festigung wie wachsende räumliche Dimensionen erklären darüber hinaus das Entstehen eines aus der Hetairenklasse kommenden, zur Übernahme politischer und militärischer Funktionen bestimmten Hofadels, in den auch geeignete Nichtmadekonen aufgenommen werden.[147] Mehr und mehr scheinen zugleich Funktionen und Befugnisse der Heeresversammlung auf einen allein noch vom Willen des Königs abhängigen Hetairenrat überzugehen, freilich ohne daß es je zu einer klaren Trennung der Kompetenzen gekommen wäre. Die als militärisches Aufgebot regional gegliederte Hetairenschaft wird durch Könige wie Alexander I. und Archelaos I. in Wahrnehmung ihrer Rechte als Lehensherren zu einem hervorragenden militärischen Instrument, das Philipp II. dann zur höchsten Vollendung bringt. Verlustreiche Kämpfe, besonders seit der zweiten Hälfte des 5. Jahrhunderts, mit benachbarten Völkern bedeuten in dieser Entwicklung zwar äußere Rückschläge, scheinen andererseits aber die Militarisierung des Volkes entscheidend gefördert zu haben. Die in diese Zeit fallende Übertragung des Hetairenstatus auch auf das Fußvolk hebt für den militärischen Bereich den Unterschied zwischen Staat und König auf.[148] Ohne große Wirkung auf Dauer bleiben auch innerdynastische Schwierigkeiten und Thronwirren bei fast jedem Regierungswechsel.

Philipp II., der 359 zuerst als Vormund seines Neffen und bald darauf als rechtmäßig von der Heeresversammlung ernannter König die makedonische Politik in den folgenden beiden Jahrzehnten bestimmte, konnte durch Eingliederung der letzten noch unabhängigen Fürstentümer mühelos das Gefüge des Staates räumlich vollenden. Er brachte Illyrien und zuletzt Thrakien bis zum Hellespont unter seine Botmäßigkeit; makedonische Siedlungen wie Philippi und Philippopolis sicherten das Gewonnene. Seine Ehe mit Olympias (357) brachte ihm zudem Einfluß auf das Königshaus des epirotischen Stammes der Molosser im Westen. Daß Philipp vom ersten Tage seiner Herrschaft an Griechenland in seine Pläne einbezog, läßt sich aus seinem Verhalten unschwer folgern. Das natürliche Ziel der makedonischen Geschichte war ein Reich, stark genug, über Stämme, Stammesbewegungen und Fluktuationen weit im Hinterland des Balkangebietes die Kontrolle auszuüben. Schutz für die einzelnen Völker und Stabilisation der Verhältnisse bedeutete Sicherung des eigenen Reichsgebiets und immanenten Machtzuwachs, der auch auf weite Sicht zu verkraften und zu überschauen war. Diese makedonische Großmacht jedoch blieb ohne wirkliche Grundlage und damit stets besonders gefährdet, wenn sie es versäumte, auch ihre Verbindungen nach Süden zu erweitern und auszubauen; damit ergab sich die zweite Aufgabe für Philipp gleichsam von selbst. In seinen Augen konnte das Griechenland jener Zeit mit seinem Polisgefüge und dem Hin und Her der wechselnden Kräftekonstellationen indes wohl kaum etwas anderes als den Eindruck von Unsicherheit und Unzuverlässigkeit erwecken; es in welcher Form auch immer zum gleichberechtigten politischen Partner zu wählen, hätte Gefährdung wie Belastung bedeutet. Es blieb daher nur der Weg, Griechenland unter Kontrolle zu bringen und die eigene Einflußsphäre bis auf das südliche Ende der Balkanhalbinsel auszudehnen. So geht denn Hand in Hand mit den Kämpfen im Norden und Osten seit 359 auch die verstärkte Bemühung, im Süden festen Fuß zu fassen. An das Einfachste freilich, an die Erschaffung eines makedonisch-griechischen Einheitsstaates, war dabei nicht zu denken. Politische Verhältnisse, natürlich gewachsenes Stadtstaatsdenken mit festen Wertvorstellungen sowie kulturelle Unterschiede bewirkten eine nicht zu übersehende Distanz, die jede entsprechende Absicht von vornherein als sinnlos erscheinen ließ. Im übrigen zeigte der immer wieder sich versteifende griechische Widerstand in diesen Jahren, ganz abgesehen von der Agitation eines Demosthenes, deutlich genug, wohin ein allzu rigoroses Vorgehen auch bei überlegener Macht hier führten mußte. Bei aller Raffinesse der Methoden ist Philipps Politik nicht zuletzt deshalb von dem Bemühen bestimmt, ernsthafte, tiefer gehende Konflikte mit einzelnen Staaten und den Griechen als Gesamtheit zu vermeiden. Seit 352 oberster Beamter der Thessaler, kann er 346 eine entscheidende Rolle in der delphischen Amphiktyonie gewinnen. 338, nach der Schlacht von Chäronea, spielt ihm dann die Gründung des Korinthischen Bundes die Möglichkeit zu[149], von nun an in Griechenland nach eigenem Belieben zu schalten.

Dieses Griechenland, als dessen Fürsprecher Philipp jetzt auftritt,

Philipp II. Medaillon aus Tarsos

befand sich seit den Perserkriegen am Anfang des 5. Jahrhunderts auf einem Weg, der Philipps Absichten bis zu einem gewissen Grade rechtfertigte. Der Versuch Athens, das permanente Dilemma griechischer Vielstaaterei durch die gewaltsame Unterordnung unter den attischen Seebund zu lösen, hatte zum Peloponnesischen Krieg und dem Ende der Rolle Athens als aktiver Ordnungsmacht geführt. Spätere, von ähnlicher Zielsetzung ausgehende Bemühungen Spartas, Athens (zweiter Seebund) und Thebens scheiterten an Umständen und Machtverhältnissen, ohne daß sich eine zwischenstaatliche Alternative dabei herauskristallisierte. Der politischen aber entspricht die freilich mehr innerhalb der einzelnen Staaten sich auswirkende wirtschaftliche Situation.

Trotz erbitterter innergriechischer Auseinandersetzungen im 5. und 4. Jahrhundert ist von einem Nachlassen des Bevölkerungsüberdrucks nichts zu spüren, während andererseits nun von Ventilierung etwa durch Koloniengründung wie in früheren Jahrhunderten längst nicht mehr die Rede sein kann. Sich verstärkende Handelsmöglichkeiten wiederum führen zwangsläufig zur Intensivierung der Produktion und zu Symptomen einer Industrialisierung durch Entstehen oder Wachstum von Großbetrieben, zugleich aber auch zu einem wachsenden Konkurrenzkampf in der Heimat wie in den Absatzgebieten, wo sich überdies bald bereits autarkistische Tendenzen zeigen. Die Rationalisierung der Produktion aber bedingt unter gegebenen Voraussetzungen zugleich verstärkte Verwendung von Sklaven in den Großbetrieben und macht freie Arbeitskräfte überflüssig, weil sie zu wenig rentabel sind, was sich auf die sozialen Unterschichten innerhalb der Bürgerschaft einzelner Staaten katastrophal auswirken muß. Die Erhöhung von Arbeitslöhnen entwertet sich bei deutlich nachweisbarer Preissteigerung von selber. Das Ergebnis sind sowohl die für das 4. Jahrhundert bekannten Söldnermassen, die durch den griechischen Raum und durch die barbarischen Randgebiete fluktuieren, als auch die verstärkten Bemühungen einzelner Staaten, wie Athen, durch Bezahlung erfüllter bürgerlicher Pflichten neben der Aufrechterhaltung des politischen Interesses zugleich eine Art Versorgung für eine möglichst große Zahl Bürger zu garantieren. Die Expansion des Handels auf die Getreideanbaugebiete am Schwarzen Meer und in Afrika bewirkte eine weitgehende Zerstörung auch der einheimischen Landwirtschaft, die Abhängigkeit Griechenlands von fremdem Import für wichtigste Grundnahrungsmittel und ein Freiwerden überflüssiger Arbeitskräfte in diesem Bereich.[150] Wirtschaftlich wie politisch kann die Situation zur Zeit Philipps demnach nur als immer mehr sich zuspitzende Krise gesehen worden sein. In der Tat gewinnen die politischen Auseinandersetzungen innerhalb einzelner Staaten gerade durch die damit verbundenen sozialen Spannungen zwischen Arm und Reich zusehends an Hektik und Schärfe.[151] Makedonische Politik bzw. makedonisches Geld finden auf diese Weise vielfache Möglichkeiten zur Einmischung, und in manchen Städten ist eine gewisse Sympathie für Philipp am ehesten wohl damit zu erklären, daß man durch ihn allein die Stabilität der Verhältnisse noch gewährt sah.

An Vorschlägen zur Lösung dieses Dilemmas fehlte es nicht; zu ihnen gehören die sozial-politischen Utopien eines Platon und die Staatsschriften Xenophons oder des Aristoteles. Aussicht hatten solche Versuche allerdings nur, wenn sie alle herkömmlichen Vorstellungen und Maßstäbe außer acht ließen und sich von vornherein auf ganz Hellas, ja auf die ganze griechische Welt bezogen. Die Idee des Panhellenismus[152], der Einigung aller Griechen zur Verwirklichung gemeinsamer Ziele, hatte im 5. Jahrhundert bereits Perikles zu realisieren versucht[153]; sie war aber ohne großen Anklang geblieben. Gegen Ende des 5. Jahrhunderts, unter nunmehr ganz anderen Umständen, war sie neu aufgelebt und durch Redner wie Gorgias und Lysias formuliert worden. Um 380 sah Isokrates in seinem «Panegyrikos» die Einigung Griechenlands durch Athen und als ihr wichtigstes Anliegen die Lösung der sozialen Frage durch ein gemeinsames griechisches Unternehmen vor, das große Teile Kleinasiens in griechische

Demosthenes. Römische Kopie. Vatikan, Rom

Hand brachte und bis zum Halys hin neues Siedlungsland gewann.[154]
Einen damit vom Zaun zu brechenden, notfalls bis zur Vernichtung Persiens sich ausweitenden Krieg konnte Isokrates dabei ohne Mühe aus der
herkömmlichen Barbarenvorstellung wie aus dem Rachegedanken für das
Jahr 480 motivieren. Zwar ließ die politische Entwicklung in den folgenden Jahrzehnten diesen Plan zur Illusion werden; 346 aber hatte Isokrates
sein Programm so weit modifiziert, daß er seine Verwirklichung dem
Makedonenkönig nahelegen konnte.[155]

Für Philipp wiederum bedeutete das Aufgreifen solcher Gedanken eine
unwiederbringliche Gelegenheit, seine Griechen-Politik zu rechtfertigen
und zugleich damit Widerstände abzubauen. Andererseits freilich mußte
er sich darüber klar sein, daß Griechenland, wenn er die panhellenische
Aufgabe übernahm, von der Peripherie seines Interessenkreises in den
Mittelpunkt rückte und zugleich die allgemeine Zielsetzung makedoni-

Akrokorinth. Festung des Griechenbundes seit 338 v. Chr.

scher Politik sich verschob. Denn selbst wenn sich die Wünsche des Isokrates erfüllten, war die Frage nicht damit gelöst, daß man den Ventilierungsprozeß[156] einleitete. Es bedurfte vielmehr auch künftig der Garantie einer Ordnung für Griechenland, des angestrengten Bemühens um eine allgemeine tragbare Lösung der Probleme und nicht zuletzt einer langsamen Umerziehung der Griechen zu einer Denkweise, die mit ihrer bisherigen politischen Einstellung vorerst noch unvereinbar war. Philipp hatte sich zwar als Meister im Umgang mit den Griechen erwiesen, doch gerade seine Kenntnis der Verhältnisse legte ihm jetzt Zurückhaltung auf. Dazu aber kam noch, daß die panhellenischen Forderungen ihn zugleich auch in einen Interessengegensatz zum Osten brachten, dessen Ausgang ihm ebenso fraglich erscheinen mußte. Die Ausdehnung des eigenen Machtbereichs bis an den Hellespont und die Donau als natürliche Abrundung hatte vom ersten Tag an zu seinem politischen Programm gehört; 339 war dieses Ziel dann erreicht. Die unvermeidliche Auseinandersetzung mit Persien aber bedeutete eine Belastung, welche die durch die panhellenische Rolle gewonnenen Vorteile aufhob, selbst für den Fall, daß sich die Voraussetzungen des Isokrates über eigenen Machtzuwachs in Kleinasien bewahrheiteten.[157] Wie Philipp die Prioritäten einer panhellenisch-makedonischen Politik in diesem Zusammenhang gesetzt wissen wollte, ist nicht deutlich zu erkennen. Eines war indes nicht zu ignorieren: panhellenische

Ziele hatten nur Aussicht auf Realisierung, wenn sie im Räumlichen begrenzt blieben und die Möglichkeit eines Ausgleichs mit Persien nicht zerstört wurde.[158] Krieg auf Dauer mit einem Weltreich hingegen mußte, wie immer er ausging, zum Hineingleiten in nicht mehr zu bewältigende Ausmaße und damit zu katastrophaler Überforderung der eigenen Kräfte führen. Absichten solcher Art aber passen schlecht zu Philipps Methoden; die Eroberung des Perserreiches kann für einen Realpolitiker wie ihn nur Utopie gewesen sein.

Sein Verhalten nach 338 läßt sich in der Tat von derartigen Erwägungen aus am besten verstehen. Sicher, die Rolle eines Hegemon, das heißt eines überlegenen Exekutivorgans in dem zunächst der Sicherung außen- wie innenpolitischer Verhältnisse dienenden Bund der Griechen wurde durch die Funktion eines Feldherrn für den beschlossenen Perserkrieg erweitert und gefestigt. Ende 337 landete eine makedonische Armee unter Parmenion in Kleinasien und besetzte 336 eine Reihe griechischer Städte an dessen Westrand – ein Vorkommando zur Gewinnung von Positionen und zugleich eine Dokumentation ehrlicher Absichten gegenüber den Griechen, die dies erwarteten. Trotz der durch den Tod Artaxerxes' III. in Persien kritischen Situation aber vermied es Philipp, die sich bietende Chance zu leichtem Erfolg weiter auszunutzen. Wir wissen wenig von entsprechenden Maßnahmen in den Jahren 338, 337 und 336. Philipp scheint versucht zu haben, zuerst die Zuneigung der Griechen, besonders der Oberschicht, zu gewinnen.[159] Konkrete Nachrichten über die Absicht, bald einen Krieg gegen Persien mit allen Mitteln zu beginnen, haben wir nicht; die Quellen ergehen sich in allzu vagen Formulierungen.

Die Ereignisse unmittelbar nach seinem Tode (336) freilich rechtfertigen Philipps Zögern und lassen erkennen, daß es an brauchbaren Voraussetzungen für einen Perserkrieg fehlte. Alexander muß sich das von Philipp Erreichte geradezu neu erkämpfen und sieht sich gezwungen, das bedächtig Begonnene überstürzt und ohne rechte Vorbereitung weiterzutreiben. Die Schwierigkeiten der ersten Jahre wirken wie eine verspätete Rache des Griechentums an der makedonischen Hegemonie. Alexander – das ist nicht zu übersehen – kann in dieser Zeit lediglich zwischen den Mächten lavieren. Neben den fast forciert wirkenden, allein vom Panhellenischen her verständlichen Gesten am Hellespont bemerkt man Mißtrauen gegenüber den in geringer Zahl mitgenommenen, im Kampf kaum je an entscheidender Stelle verwendeten Bundesgenossen; hinzu kommt die Flottenauflösung von 334. Alexanders autokratische Behandlung der Söldner nach der ersten Schlacht löst eine Reihe diplomatischer Demarchen Athens aus, die ihn schließlich 331 zwingt, angesichts des drohenden Krieges gegen Agis die Gefangenen zu entlassen.[160]

Dabei aber können bei seinem Aufbruch im Jahre 334 selbst in Makedonien die Dinge noch nicht geklärt gewesen sein. Wohl hatte man dort zweifellos Vorbehalte gegen seine Person überwunden; die Aussicht auf eine bevorstehende Eroberung Kleinasiens mußte bei einem großen Teil des Volkes Zustimmung und Begeisterung wecken, weil sie gleichsam die Krönung dessen versprach, was Philipp für die Makedonen bisher geleistet hatte. Das Ressentiment, das sich aus den ersten Regierungshandlungen ergab, zu beseitigen, hatte Alexander anfangs hingegen kaum Gelegenheit gehabt; die Nachricht von einer großzügigen Verteilung königlicher Güter an die Freunde beim Ausmarsch wirkt echt und wie ein Versuch, sich Anhänger erneut zu verpflichten.[161] Emigranten aus Makedonien unterstützen den erbitterten Widerstand in Kleinasien[162], und die persische Führung muß konkrete Gründe für einen baldigen Umschwung in Makedonien gehabt haben, wenn sie im Winter 334/33 den letzten der Lynkestenprinzen zu einem Attentat anzustiften suchte.[163] Bezeichnenderweise wagt Alexander die Hinrichtung dieses Lynkesten erst drei Jahre später, im Zusammenhang mit der Philotas-Affäre. Das Mißtrauen dieser Tage zeigt sich in der bekannten Anekdote von Alexanders Heilung durch den Arzt Philippos in Tarsos und den Mordabsichten, die ihm zugeschoben werden.[164] Doch auch in der Heimat scheint nicht alles in Ordnung. Alexander hatte Antipatros als Stellvertreter mit umfassenden Vollmachten zurückgelassen, und diesem gelang der Ausbau eines Sicherungssystems über ganz Griechenland, in dem sich letztlich Agis wie in den Maschen eines Netzes verfing. Olympias als Sachwalterin der Belange ihres Sohnes rief bald neue Unzuträglichkeiten nicht nur mit Antipatros hervor. Die Art, wie sie Alexanders Propaganda und den Anspruch göttlicher Verehrung durch Hinweis auf seine Zeugung durch den Gott unterstützte, muß auch die Makedonen vor den Kopf gestoßen haben. Zwar verließ sie 331 das Land wieder, doch die Konflikte blieben, und widersprüchliche Zeugnisse lassen fraglich erscheinen, ob Alexander zwischen Sohnesliebe und politischer Notwendigkeit sich immer richtig zu entscheiden wußte. Die Nachrichten von einem drohenden Bruch mit Antipatros für die Zeit nach 334 haben in diesen Spannungen ihren historischen Hintergrund.[165]

Freilich scheint sich Griechenland sehr bald beruhigt zu haben. Nach der Katastrophe von 335, dem Tod Memnons und schließlich der Vernichtung des Agis klingen nicht nur die kriegerischen Absichten ab – es liegt auf der Hand, daß man die vielfachen Segnungen der Zugehörigkeit zu dem sich schnell vergrößernden Machtbereich Alexanders nicht nur erkannte, sondern auch verspürte. Noch während des Krieges löste sich das Söldnerproblem weitgehend auf natürliche Weise; Alexanders Finanz- und Wirtschaftspolitik kann zunächst nur als segensreich empfunden worden sein. Für Athen etwa, wo selbst Demosthenes – wenn man seinem Gegner Aischines glaubt – Verbindungen mit dem Hauptquartier Alexanders suchte[166], sind aus diesen ersten Jahren eine ganze Reihe von Handelsverträgen mit kleinasiatischen Städten und auch mit dem bospovanischen Königreich auf der Krim bekannt[167]; sie bedeuten einen neuen

Impuls. An der unter Lykurg eingeleiteten, über das rein Politische hinausgehenden Politik innerer Stabilisation beteiligen sich aktiv neben Gemäßigten wie Phokion sogar enragierte Promakedonen wie Demades. Die intensiv fortgeführte Befestigung und Ausschmückung der Stadt, der Flottenbau und die Reform der Ephebenausbildung zur Erziehung eines von wirklicher Staatsgesinnung geprägten Bürgernachwuchses sind daher keineswegs als Vorbereitung für die endgültige Auseinandersetzung mit der bedrohlich angewachsenen Macht Alexanders zu verstehen. Sie scheinen vielmehr ein Versuch, für eine führende Rolle in dem sich entwickelnden neuen Weltreichskomplex die nötigen Voraussetzungen zu schaffen. Alexander hat ein solches Verhalten wenn nicht gefördert, so doch wohlwollend geduldet; möglicherweise gehen selbst die durch Harpalos geknüpften besonderen Beziehungen auf entsprechende Anordnungen zurück.[168] Auch die Gründung einer Kolonie in Italien durch Athen ist ohne vorherige Absprache nicht denkbar und läßt Schlüsse zu, wie man dort seine Zukunft verstand.[165]

Kaum komplizierter waren die Verhältnisse im befreiten Kleinasien, doch auch sie verlangten Geduld. Merkwürdigerweise gibt es Zeugnisse über eine begeisterte Aufnahme der Befreier dort nicht.[170] Offenbar war die Einordnung dieser Griechen in das persische Imperium, das zugleich ihr wirtschaftliches Hinterland darstellte, keineswegs als so bedrückend empfunden worden, wie die panhellenische Ideologie behauptete, und man war sich unter den Befreiten darüber klar, daß Alexanders Finanzlage fürs erste kaum eine Erleichterung bedeuten werde. Tatsächlich trieb Alexander neben Erträgnissen aus dem königlichen, nicht griechischen Gemeinden gehörenden Gebiet (Phoroi)[171] unter abgeänderter Bezeichnung Beiträge auch von diesen Griechen ein (Syntaxeis). Sie scheinen keineswegs gering gewesen zu sein und bedeuteten zugleich eine erzwungene Parteinahme in dem noch unentschiedenen Krieg. Kein Wunder, daß sich die Milesier anfangs der Befreiung überhaupt widersetzen, daß Aspendos sein Unterwerfungsangebot wieder zurückzieht.[172] Eine Reihe ehemals griechischer, längst barbarisierter Städte wird formell wieder graezisiert; gelegentlich sind Zahlen dafür überliefert, was man sie dies kosten ließ.[173] Unklar ist auch die Rechtslage dieser Befreiten. Alexander als Bundesfeldherr muß zwar verpflichtet gewesen sein, die Unabhängigkeit dieser Griechen nicht anzutasten. Faktisch indes ließ sich jede Art von Vorgehen und Regelung durch Alexander, den Eroberer, mit militärischer Notwendigkeit motivieren. Lampsakos, das sich seinem Willen nicht sofort fügte, entging nur durch Fürbitte der Zerstörung, Zelea wurde eigens begnadigt, Aspendos für seinen Abfall schwer bestraft, und die befreiten Griechen von Ephesos hatten nach einer Entscheidung Alexanders Steuern in bisheriger Höhe an ihren Artemistempel zu zahlen.[174] Daß Alexander die kleinasiatischen Griechenstädte an den Korinthischen Bund anschloß, wird nirgends erwähnt und ist auch unwahrscheinlich. Brauchbarer für seine Zwecke und in seiner Lage war ein Bündnis mit jeder einzelnen Stadt, das ihm nach dem Prinzip des divide et impera zumindest für die Dauer des Krieges die Möglichkeit zu freiem Schalten gewährte und ihm erlaubte, die Befreiten notfalls auch gegen Griechenland auszuspielen. Im übrigen mochte das bisher übliche Einziehen bundesgenössischer Beiträge durch die regional zuständigen Behörden die Verwaltung vereinfachen.[175]

All dies freilich kann politisch nur als Provisorium angesehen worden sein. Es liegt nahe, daß man sich in Korinth bei Planung des Krieges die endgültige Regelung nach dem Kriege vorbehalten hatte. Diesen für beendet zu erklären war jedoch Sache des Bundesfeldherrn; Alexander ließ sich damit Zeit, und so scheint auch bei seinem Tod sich noch nichts geändert zu haben. Ein früh bezeugter Alexander-Kult in mehreren Städten und selbst ein Bund der Ionier zu diesem Zweck sind kaum als Form politischer Organisation anzusehen.[176]

Die anfänglichen Schwierigkeiten gegenüber den Makedonen und den Griechen verringerten sich kaum, als Alexander nach dem Sieg von Issos das eigentlich panhellenische Interessengebiet verließ. Bei allem Verständnis der Griechen für die wirtschaftlichen Folgen eines solchen Schrittes verhielt sich die Masse der Makedonen sicher verständnislos; man wird begonnen haben, Vergleiche zu Philipp zu ziehen, dessen Zielsetzung räumlich doch stets viel begrenzter[177], realistischer und eben deshalb so erfolgreich gewesen war. Gewiß, es bedeutete sicher keine Schwierigkeit, sich die Loyalität der Truppen auch weiter zu erhalten. Auf Parmenions Rat vor Tyros, das persische Angebot anzunehmen und sich auf vernünftige Grenzen zu bescheiden, antwortete Alexander, auch er würde es tun, wäre er Parmenion.[178] Die Möglichkeit einer aktiven Opposition innerhalb der führenden Schicht mit eigenen Interessen und besserer Übersicht war damit nicht aus der Welt geschafft. Eine solche schien in der Tat um sich zu greifen. Seit Ägypten wurden Alexander entsprechende Reden seines Reiterführers Philotas – Parmenions Sohn – hinterbracht, und noch nach Gaugamela scheint Dareios auf ein umwälzendes Ereignis geradezu gewartet zu haben.[179] So ist die Ausrottungsaktion in Arachosien (Herbst 330) letztlich als eine Wiederholung der Verzweiflungstaten von 336 gleichsam unter verstärktem äußerem Druck zu verstehen und zugleich als eine an das ganze Heer gerichtete Warnung durch Terror. Die Einführung der Briefzensur und die Aufstellung von Strafeinheiten passen gut in diesen Zusammenhang. Nicht zuletzt aus dem Gefühl des dauernden Bedrohtseins, aus dem Zwiespalt von Notwendigkeit und eigenem Willen wird auch das Sichhineinsteigern in die Propaganda zu verstehen sein, das seit der Überquerung des Hellespont mehr und mehr in reine Selbstdeutung übergeht und sich dabei in einer selbst für die Antike auffälligen Art des Religiösen und Irrationalen bedient. Göttliche Zeichen bei der Grundsteinlegung eines Zeustempels in Sardes, Meereswunder in Pamphylien, Weissagungen um den gordischen Knoten, Vorzeichen und Traumorakel für die Einnahme von Tyros und Gaza, Amons-Orakel und die Weissagungen kleinasiatischer Orakelstätten folgen dicht aufeinander und müssen auf die Dauer die Vorstellungsweisen zumindest der Armee beeinflußt haben. Mit der Zeit drängen sich Herakles und Dionysos als nicht zu übersehender Beweis für die Wirksamkeit dieser Selbstdeutung im Religiösen in den Vordergrund; daß Alexander gerade damit die Truppen zu höchsten Leistungen begeisterte, braucht keineswegs eine Erfindung zu sein. Bei alldem mochte es Alexander selbst mit der Zeit gleichgültiger werden, was man in Griechenland von ihm dachte. Der Mord an Kleitos, die Pagenverschwörung und das Verhalten des Kallisthenes, der griechische und makedonische Elemente in sich vereinigte[180], müssen ihm allerdings erneut gezeigt haben, wie wenig der Philotas-Prozeß und die religiöse Selbstdeutung halfen, jene Problematik der ersten Jahre wirklich zu überwinden. Wohl läßt sich die Armee nach Baktrien und schließlich nach Indien weitertreiben; dafür, wie weit bei dieser noch Verständnis für die damit verbundene Zielsetzung vorhanden war, gibt es keine Zeugnisse. Alexanders Großzügigkeit gegenüber den Führern wie den Soldaten[181], reiche Geschenke für Entlassene unter rücksichtsloser Ausnutzung persischer Schätze[182], Ehrungen für einzelne wie ganze Truppenteile, immer wieder betonte oder zur Schau gestellte Kameraderie und wohl auch die nicht zu umgehende Verschmelzung sozialer Schichten innerhalb der Armee durch Vermögensbildung, Bewährungs- und Beförderungsmöglichkeit lassen sich nicht nur als zukunftsweisende Zeichen einer überragenden Herrscherpersönlichkeit verstehen; sie sind vorerst mehr noch ein Mittel zu dem Zweck, eine fragwürdig gewordene Masse Mensch zusammenzuhalten. Daneben aber stehen wachsender Terror auf der einen und Furcht auf der anderen Seite[183]; einige wenige, besonders drastische Zeugnisse lassen erkennen, daß es nicht nur Begeisterung war, die Alexanders Heer erfüllte und ihre weltgeschichtlichen Taten ermöglichte. Die verhältnismäßig frühe Entlassung von Bundesgenossen und Thessalern aber könnte der Versuch gewesen sein, Vertiefung und Ausweitung einer permanent kritischen Situation zu verhindern.

Die Armee hatte während jener Jahre ihre Qualität als Instrument ohnegleichen noch vervollkommnet. Sie war zugleich allmählich zu einer Soldateska geworden, was sich eines Tages auch auf diese Qualität auswirken mußte, so daß ihre Entlassung im Jahre 324 als Selbstbefreiung Alexanders sicher nicht nur von ihr selbst empfunden worden ist. Alexander hatte sich eine verschworene, zu allem verwendbare Führungselite herangebildet; Hephaistion, Krateros, Perdikkas, Eumenes, Leonnatos, Ptolemaios, Peukestas, Lysimachos, Polyperchon, Antigonos, Seleukos und viele andere haben durch ihn ihre für die späteren hellenistischen Herrscher so charakteristische Prägung erfahren. Die nicht zu übersehenden Spannungen unter ihnen freilich rühren von der hier angedeuteten Problematik her, und nichts zeigt so sehr die Kluft zu Alexander wie ihr Verhalten unmittelbar nach dessen Tod. Es wäre möglich, daß die sich steigernde Brutalität und Härte der Kämpfe seit dem Tod des Dareios nicht nur aus den äußeren Umständen erklärt werden darf oder sich allein gegen die Feinde richtete. Sie könnte auch das Werk Alexanders oder zumindest bewußt mit von diesem herbeigeführt worden sein, um durch eine Kette gemeinsamer Erlebnisse von zunehmender Intensität und ein forciertes Leistungsbewußtsein jene inneren Spannungen zu unterdrücken; entsprechende Beispiele aus der Geschichte des 20. Jahrhunderts drängen sich geradezu auf. Auch wäre selbst Alexanders immer verzweifelteres Sichexponieren bis hin zur Katastrophe in der Mallerstadt das Zeichen einer allgemeinen Kampfesunlust, die ihm persönlich keine andere Wahl ließ als das mitreißende, persönliche Beispiel. Vieles, was zu allen Zeiten Historiker an ihm aus Bewunderung oder Haß verzeichnen, ist vielleicht nichts als Notwendigkeit oder aber eine psychologisch naheliegende Reaktion auf äußere, stimmungsbedingte Anlässe. Rücksichtslosigkeit gegenüber eigenen Verlusten oder die offenbar ohne große Erschütterung hingenommene Gedrosien-Katastrophe stehen in diesem Zusammenhang neben der großen Bestrafungswelle von 324; zeitlich schließt sich die Massenhochzeit an, die von den Betroffenen durchweg als Terrorakt empfunden wurde. Bis auf Seleukos haben sämtliche Freunde Alexanders nach dessen Tod ihre Gattinnen wieder verstoßen. Nicht lange danach deuten die Schuldenzahlung und das Verhalten der ganzen Armee bei der als ehrenhaft gedachten Entlassung der Veteranen neues Mißtrauen und damit weitere Vertiefung jener alten Spannungen an. Daß man von hier aus auch die an sich begründete Ablösung Antipatros'[184] als neuen Gewaltakt deutete, lag nahe. Unklar bleibt, wie weit es Alexander gelungen wäre, dieses Dilemma zu lösen. Er war, wie sein Vater, als makedonischer Heerkönig in den Krieg gezogen, hatte aber trotz geforderter, übermenschlicher Leistungen und Opfer die an sich makedonischen Belange, das heißt die Wünsche der Armee und die Hoffnungen, um deretwillen sie aufgebrochen war, ignorieren müssen. Aus der Enttäuschung darüber war etwas erwachsen, das, um es gelinde auszudrücken, als betonte Reserve bezeichnet werden mußte und eine eigenartige Spannung zwischen jener Loyalität des Aufeinander-Angewiesenseins und passiver Resistenz hervorrief. Zwischen beiden hatte Alexander zu lavieren, und die erbitterten Rufe von Opis mochten gleichsam als Fazit einer Summe von Eindrücken und scheinbaren Erkenntnissen wiedergeben, er sei keiner der Ihren mehr. Gewiß wäre es ihm leichtgefallen, das Versäumte nachzuholen. Vorerst aber war trotz der pathetisch gefeierten Versöhnung sein Verhältnis zu den Makedonen als Ganzes, wie es die Armee darstellte, ungeklärt, und er stand auf jeden Fall vor einem Neuanfang.

Sog. Alexander mit der Lanze. Bronze-Statuette, nach Lysipp. Paris, Louvre

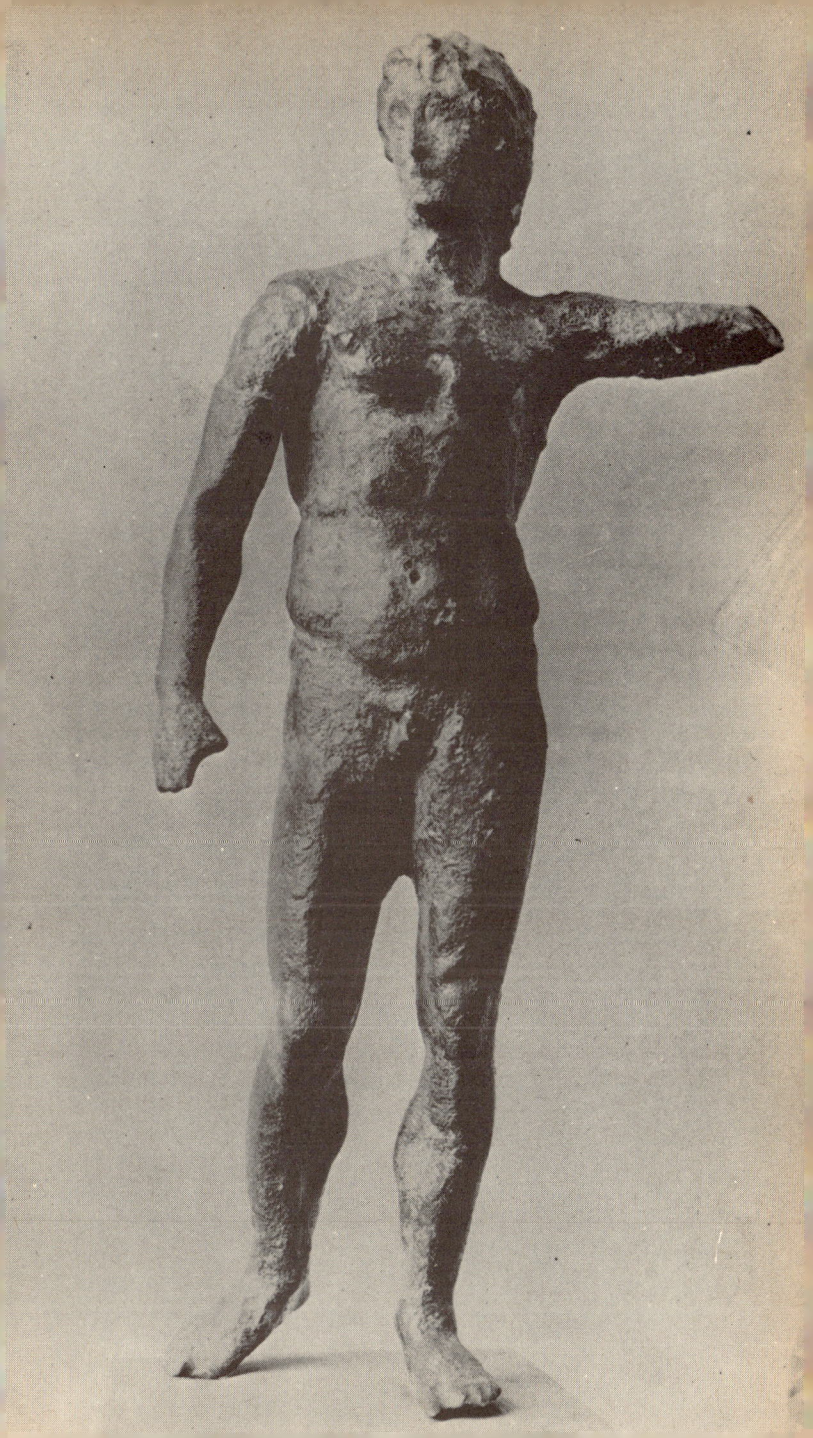

Ähnliches gilt auch für Griechenland. Die garantierte Freiheit und Unabhängigkeit der Mitglieder des Korinthischen Bundes müssen dort angesichts der Hegemonie des makedonischen Königs schon 334 als prekär erschienen sein, und das galt noch mehr, als dieser Hegemon zugleich Herrscher des gesamten Orients geworden war. Zwar läßt nichts erkennen, daß Alexander vor 324 gegenüber den Griechen etwas geändert wissen wollte. Es konnte indes keinen Zweifel daran geben, daß nach seiner Rückkehr aus Indien die Verschiebung des Kräfteverhältnisses eine umwälzende politische Neuordnung auch in Hellas mit sich bringen werde. Ihr Ziel würde die vollständige Eingliederung in den neuen Machtbereich und damit faktisch das Ende des bisher durch die Bundesbestimmungen notdürftig noch gewahrten Gesamtzustandes sein. Erkenntnisse dieser Art aber mußten zunächst instinktiv zur Abwehrhaltung gegen alles führen, was von Alexander kam. So ordnet er 324 die Rückführung sämtlicher Verbannter an, die im Verlauf früherer Umwälzungen in den einzelnen Stadtstaaten ihre Heimat hatten verlassen müssen, der natürliche erste Schritt zur Beendigung einer der Hauptursachen griechischer Kalamität schlechthin. Ohne ihn war eine panhellenische Zukunft undenkbar, mochte er auch gewaltsam den Prozeß innergriechischer Versöhnung einleiten. Ein anderer Weg als der von Alexander begonnene läßt sich schwer vorstellen, und es ist bezeichnend, daß Alexander seine Maßnahme offensichtlich zuvor in einer Heeresversammlung billigen ließ, die demnach nicht nur aus Makedonen bestanden haben kann. Die Bestimmungen des Bundes freilich verboten das Eingreifen in die inneren Verhältnisse der Bundesstaaten, und so konnte man dort die Anordnung sehr gut als einleitende Aktion verstehen, deren Selbständigkeit zu vernichten. Gewiß, noch war Alexander Bundesfeldherr, und seine Befehle für Griechenland ließen sich deshalb immer noch wenigstens formell aus dem Militärischen verstehen. Die taktisch vielleicht nicht ganz glückliche erste Verkündung des Erlasses während der olympischen Spiele wiederum erklärt sich am ehesten damit, daß es Alexander gar nicht in den Sinn gekommen war, dies könnte zu einer Reaktion führen, die ihn in eine Reihe mit Xerxes stellte.[185] Überdies ging unmittelbar darauf der Erlaß auch den Städten zu; Antipatros wurde beauftragt, sich ergebende Schwierigkeiten zu bereinigen. Daß man nichts überstürzen wollte, zeigt die Tatsache, daß sich die Frage etwa der in Zusammenhang damit angeordneten Entlassung von Samos aus dem athenischen Staat noch über zwei Jahre hinzog. Auch fehlen Nachrichten über Maßnahmen bei Lebzeiten Alexanders, die sich auf die befohlene Auflösung griechischer Bünde bezogen, und im übrigen stand den Staaten auch Einspruch beim König selbst frei. Zwar hören wir von der Vorbereitung Griechenlands auf die scheinbar unausweichlich gewordene Auseinandersetzung bereits im Jahre 324. Neben Söldnerzusammenballungen bei Tänaron unter Führung des Leosthenes, offensichtlich aus begründeter Furcht vor einer neuen, gewaltsamen Verpflanzung nach

Osten, Kontaktaufnahme dieser Söldner mit Athen und neuer Agitation mit den alten Argumenten durch Demosthenes und Hypereides scheinen Zeugnisse über eine geplante Gewaltlösung in Griechenland auch aus dem Lager Alexanders zu stehen. Wieviel von alldem zutrifft, ist schwer zu erkennen, und man kann sich bei Prüfung der Quellen des Eindrucks nicht erwehren, daß späteres Wunschdenken hier die Feder führte.[186] Es konnte in Griechenland kein Zweifel bestehen, daß ein Krieg gegen Antipatros und Alexander reine Utopie war und zwangsläufig, selbst im Falle, daß Griechenland sich einig war und man Erfolge errang, alles zerstören mußte, was man sich in den vorausgegangenen Jahren aufgebaut hatte. Denn abgesehen von der Fragwürdigkeit gemeinsamer Aktionen in den Jahren 336, 335 und 331 ist nicht zu verkennen, daß Alexander nunmehr auf die Masse der Verbannten in ganz Griechenland als potentielle Anhängerschaft zählen konnte.[187] Er hatte zudem lange vorher bereits eine Reihe arbeitsbeschaffender Projekte begonnen und finanziert, darunter die Trokkenlegung des Kopaissees und den beschleunigten Wiederaufbau Platääs.[188] In den gleichen Zusammenhang gehört wohl auch der in diese Zeit fallende Baubeginn eines Palastes von riesigen Ausmaßen in Pella, zweifelsohne unter Verwendung von griechischen Arbeitern und Künstlern. So ist denn kaum zu glauben, daß einmütig alle Bevölkerungsschichten Griechenlands bereit waren, sich auf ein derartiges politisches Abenteuer einzulassen. Von einer Organisation des Widerstandes ist denn bis zu Alexanders Tod wenig zu spüren. Athen suchte sich dem Dilemma der Ankunft eines Harpalos offiziell zu entziehen und mochte aufatmen, als dieser nach Flucht aus dem Gewahrsam in Kreta ermordet wurde. Demosthenes und auch Demades verließen, in Zusammenhang mit dieser Affäre der Bestechung beschuldigt, die Stadt. Dem Wunsch Alexanders nach göttlicher Verehrung aber widersetzte man sich nirgends. Erst im Sommer 323 brach dann der Aufstand los. Doch auch er scheint in erster Linie ein Versuch zu sein, sich der erst jetzt drohenden, allgemeinen Katastrophe zu entziehen, die eine von vornherein zu erwartende Haltung der Nachfolger Alexanders mit sich bringen mußte. Und auch jetzt noch kann von Spontaneität bei allen Griechen keinesfalls die Rede sein.[189]

Mag sein, daß die Zeit für Griechenland zu kurz war, um sich an die durch Alexander geschaffenen neuen Verhältnisse bei dessen Lebzeiten zu gewöhnen; die spätere Entwicklung zeigt, daß man willens und auch fähig war, sich den Verhältnissen anzupassen. Es mag sein, daß Alexander die Griechen in ihrer Fähigkeit überforderte, historisch gewachsene Zustände und Denkweisen ohne weiteres aufzugeben. Was er mit Griechenland vorhatte, war offensichtlich unbekannt. Alles in allem bricht mit seinem Tod auch dort eine Entwicklung ab, die nach Versäumnissen und Mißverständnissen besonders der ersten Jahre nicht mehr weiterführen konnte und zumindest politisch einen Neuanfang nötig gemacht hätte. Um seine Notwendigkeit wußte Alexander; nur so ist der Verbannten-Erlaß zu verste-

Geschenkträger mit zwei Bogen. Aus dem Gebiet östlich von Persepolis

hen. Man darf vermuten, daß Alexander sehr wohl Möglichkeiten für eine harmonische Eingliederung dieses wie vorher auch künftig wichtigsten Elementes in sein eben entstehendes Reich gefunden hätte. Unsere Nachrichten beziehen sich, wie gesagt, nur auf Äußerlichkeiten und lassen viel zu wünschen übrig. Nicht übersehen darf man freilich, daß es auch hier die Verzögerung von über zehn Jahren zwischen 334 und 323 war, die alles Spätere anders verlaufen ließ, als Alexander es geplant haben kann.

DER OSTEN

Dazu kommt die andere Seite, der Osten. Der Krieg mit ihm bedeutet Alexanders eigentlichen Lebensinhalt bis zum letzten Tag, durch ihn wird die Klärung seines Verhältnisses zu den Griechen und selbst den Makedonen unmöglich; die Aufgaben, in die er durch ihn hineinzuwachsen gezwungen ist, zerstören ihn selber physisch allzu früh. Und es scheint, daß er bei seinem Tod auch mit dieser Welt noch keineswegs bereits an den Punkt gelangt war, der es ihm erlaubte, sich ein festumrissenes Bild von der weiteren Zukunft zu machen, auch wenn hier in verschiedenen Bereichen die Ansätze eines ebenso grandiosen wie diffizilen Planes nicht zu übersehen sind.

Dieser Osten ist im wesentlichen identisch mit dem persischen Reich, einem politisch wohl einheitlichen, im übrigen aber selbst den Zeitgenossen kaum ganz erkennbaren Gebilde. Wohl hatten Hekataios und Herodot versucht, unter den Griechen etwas wie Verstehen für diese Welt zu wekken; mit dem Rückgang persischer Intensität nach Westen hin nimmt dort das ernsthafte Interesse an dem, was mit ihr zusammenhängt, bald wieder ab. Ktesias sieht offensichtlich eine Möglichkeit der Verbreitung seiner Werke über Persien allein darin, daß er es als Märchenland und Wunderwelt zeichnet – eine Darstellungsweise, auf die später weitgehend auch die Alexander-Historiker zurückgreifen. Für die politischen Vorstellungen der Griechen von diesem Perserreich wiederum entscheidend muß das Trauma der Invasionen 490 und 480 geworden sein. Anders jedenfalls ist die seitdem fast ausschließlich gültige Assoziation von Persern und Persien mit allem Despotenhaften, Grausamen, Hinterlistigen, kurz schlechthin Barbarischen nicht zu verstehen. Sie bestimmt als Klischee von da an die griechische Publizistik des 5. und 4. Jahrhunderts fast ausschließlich und verstärkt sich mit der Zeit trotz dem Kallias-Frieden (449) und dem Peloponnesischen Krieg oder den Korrekturversuchen eines Aischylos, eines Xenophon. Dazu kommt das aus dem griechischen Sieg resultierende Gefühl qualitativer wie moralischer Überlegenheit. Für Isokrates und selbst noch für Aristoteles sind die Bewohner des Perserreiches unterschiedslos Menschen zweiter Klasse, zu Sklaven geboren, was jeden Gewaltakt gegen sie rechtfertigt.[190]

Auch von dieser Voraussetzung aus wird Alexanders Aufbruch 334 mit zu verstehen sein. Und erst allmählich scheint der Eroberer festgestellt zu haben, daß die Dinge anders lagen. Die persische Reichskonzeption ist zwar das Erbe altorientalischer Herrschaftsvorstellungen, und die Titulatur der Achämenidenkönige übernimmt weitgehend die bereits aus babylonischer und assyrischer Geschichte bekannten, Macht über die ganze Welt beanspruchenden Attribute. Ihre Realisierung seit Kyros II. (ca. 559–529) ist wohl durch zarathustrische Lehre mitbedingt, an sich jedoch ein Musterfall von Großzügigkeit in allen Bereichen, ein Gewährenlassen nationaler Eigenheiten und religiöser Toleranz, wie ihn die eigentliche Antike kaum kennt. Seit Dareios I. ein Imperium aus Untertanen und Vasallen von kaum mehr ganz zu erfassender Vielfältigkeit, erstreckt sich Persien vom Sudan bis Turkestan, von der Ägäis bis an den Indus und besitzt in seinen Satrapien ein geradezu modern anmutendes, konsequent durchgeführtes Verwaltungssystem mit einer Steuerveranlagung, die indes offensichtlich nirgends als Druck empfunden wurde. Von Gewaltsamkeit oder willkürlicher Umwandlung bestehender sozialer Verhältnisse in den zum Reich gehörenden Gebieten ist wenig zu spüren; Härte oder sprichwörtliche orientalische Grausamkeit scheint nur im Verlauf von Straf- und Racheaktionen nachweisbar. Dies gilt auch für die Einordnung kleinasiatischer Griechen im 6. und erneut dann seit Ende des 5. Jahrhunderts. Auch dort beschränkt sich Persien auf die Einhebung eines Phoros, läßt aber den einzelnen Städten ihre Selbstverwaltung – höchstens, daß man von Fall zu Fall die Verfassung durch personalpolitische Manipulationen in oligarchischem, perserfreundlichem Sinne beeinflußte. Konsequent ordnete Alexander 334 dann die Einführung der Demokratie an.[191]

Die insbesondere wirtschaftlichen Vorteile der Eingliederung in ein Weltreich müssen, wie bereits angedeutet, politische Nachteile überwogen und letztlich bewirkt haben, daß man den griechischen Befreiungsabsichten mehr als skeptisch gegenüberstand. Andererseits freilich förderte die physische Überbelastung der für ihre Aufgabe zahlenmäßig einfach nicht ausreichenden persischen Führungselite früh den Verfall.[192] Wachsende Korruption scheint den Staatsapparat mehr und mehr belastet zu haben und konnte geradezu als Bestätigung jenes griechischen Überlegenheitsgefühls gelten. Von den Großkönigen des Achämenidenhauses, die das persische Zeremoniell gegen Kontakte mit der Außenwelt abschirmte, wurde nach Xerxes kaum einer seiner Rolle gerecht. So kam es, daß sich Ägypten niemals mehrere Jahre hindurch kontrollieren ließ und sich in permanentem Aufstand befand, während im Westen die Abfallsversuche einzelner Gebiete, diverser Satrapen und Stadtkönige einander ablösten. Nicht nur, daß die Griechen sich gelegentlich politisch in innerpersische Dinge einmischten: mit der Zeit wurden einzelne von ihnen oder ganze Gruppen in Führung wie Infrastruktur besonders des militärischen Bereichs zum eigentlich konsolidierenden Element; die Familie Memnons bildet ein drastisches Beispiel. Die griechischen Staaten gewöhnten sich daran, den Reichskoloß Persien zwar gerne als Stütze und Geldquelle zur Verfolgung eigener Ziele zu benutzen. Ein Ereignis jedoch wie der Königsfriede 386, in dem der Großkönig die Einstellung innergriechischer Feindseligkeiten forderte und den einzelnen Staaten ihre Unabhängigkeit garantierte, wurde als Zumutung empfunden.[193] Die panhellenische Idee des 4. Jahrhunderts mit ihren Forderungen ist nur von hier aus zu verstehen.

Wohl gelang es Artaxerxes III. (359–338) noch einmal, diesen Zerfall aufzuhalten. Seine Ermordung wie die Politik des 336 an die Regierung gelangten Dareios III. lassen sich nur damit erklären, daß man eine Änderung der Reichskonzeption nunmehr auch am Hofe für unvermeidlich hielt und im zeitweiligen Aufgeben längst entfremdeter, nur noch eine Belastung darstellender Territorien die einzige Möglichkeit sah, das Achämenidenreich in seinen wichtigen Bestandteilen zu retten. Für die Griechenpolitik der ersten Kriegsjahre mag die Beziehung auf den Antalkidas-Frieden ein brauchbares Argument gewesen sein; auch als Dareios Alexander westliches Reichsgebiet anbot, hat er es zweifelsohne ernst gemeint. Andererseits muß sich Alexander spätestens seit dieser Zeit mit dem Gedanken der Herrschaft über das ganze persische Reich vertraut gemacht haben. Wachsende Kenntnis orientalischer Verhältnisse freilich mochte ihn zugleich belehren, daß es auf die Dauer nicht damit getan sein werde, etwa lediglich panhellenische Vorstellungen räumlich auszuweiten oder den Orientalen die eigene, ihnen selbst fremde Regierung aufzuzwingen. Vielmehr hatte er aus der griechischen und der orientalischen Welt etwas grundlegend Neues zu schaffen, wobei das Geschaffene eine Utopie blieb, wenn diese Entwicklung nicht Hand in Hand mit einer Umwandlung bisheriger Vorstellungen und einer Änderung des Kulturbewußtseines ging, ja, einem Sichanpassen selbst der Lebensformen bis zur Verschmelzung hin. Politisch gesehen mag die Organisation des Gewonnenen, des neuen Macht- und Länderkomplexes mit dem wenngleich etwas vagen deutschen Begriff «Reich» – oder besser noch dem aus römischer Vorstellung stammenden «Imperium» – einigermaßen zu umschreiben sein. Die persische Geschichte hatte bewiesen, daß ein allzu großzügig gehandhabtes, lockeres Nebeneinander der Bestandteile zum Zerfall eines solchen Gebildes führte. So drängte sich die andere Zielsetzung geradezu auf: die einer inneren Angleichung der ethnisch wie kulturell verschiedenen Bestandteile dieses Reiches. Klar war sich Alexander sicher auch darüber, daß dieser Prozeß allmählicher Homogenisierung bei seiner Kompliziertheit vorsichtig nach beiden Seiten hin eingeleitet werden mußte und die Zeit eines Menschenlebens hier bestenfalls ausreichte, den Dingen ihre Richtung zu geben. Zu welch gefährlichen Rückschlägen Übereilung führte, lernte er sehr bald aus seinen eigenen Versuchen, Wege zu finden.

Anfangs unternimmt er in der Tat nur kleine, auf Äußerliches abzielende, wenngleich gut berechnete Schritte in dieser Richtung. Gleich zu Anfang des Krieges wird den Lydern verkündet, daß sich für sie nichts ändern werde. Persische Verwaltung bleibt mit der Zeit und weiterem Vorrücken selbst im Personellen unangetastet. Makedonische Militärkommandanten neben den einheimischen Satrapen sind im Gegensatz hierzu nach Erfahrungen etwa in Kleinasien aus reinen Nützlichkeitserwägungen zu erklären. Dort fiel Kalas, der Statthalter der hellespontinischen Satrapie, im Kampf mit Einheimischen; Antigonos, der spätere Diadoche, hatte schwere Auseinandersetzungen als Statthalter Lydiens und später Lykiens durchzufechten. Eine notwendige Zentralisierung bedeuten die Strategen mit überregionaler Finanzkompetenz in Kleinasien, Syrien und Ägypten, ähnlich wie die Errichtung einer zentralen Finanzstelle in Babylon unter Harpalos im Jahre 330.[194] Alexanders situationsbedingte Befreierrolle war ein brauchbares Hilfsmittel der Kriegführung, und selbst der

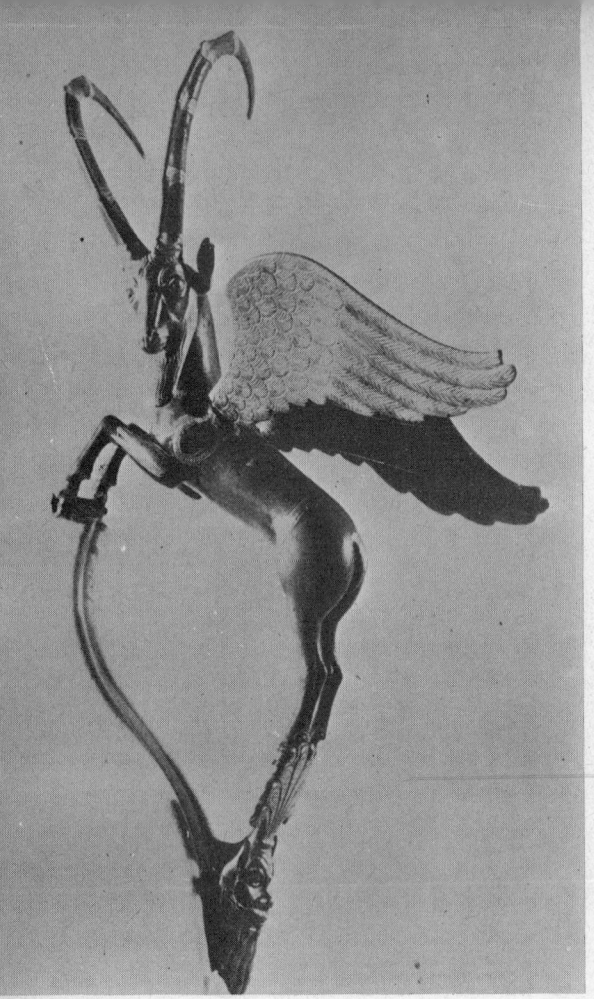

Geflügelter Steinbock. Gefäßdeckel. Persien, 4. Jh. v. Chr.
Louvre, Paris

Brand in Persepolis noch konnte neben Griechen auch Ägyptern und besonders Babyloniern als Fanal gelten. Die Perspektiven ändern sich freilich dann bald. Der Nachfolger des Großkönigs wird zwangsläufig vom Befreier zum neuen Oberherrn; es wäre möglich, daß etwa das 324 deutliche Verhalten der babylonischen Priester auch hieraus miterklärt werden muß. Entscheidende Maßnahmen, die diesen Wechsel der ehemaligen Reichsbevölkerung deutlich machten, sind indes nicht bekannt; vielmehr sucht Alexander nach wie vor den Eindruck jeglicher Forcierung zu vermeiden. So wird der persische Hofstaat beibehalten und die bereits nach dem Tode des Dareios angelegte Mischkleidung sparsam und nur vor kleinem Kreise getragen.[195] Sie besteht aus Elementen persischer (Diadem um den makedonischen Filzhut geschlungen, Purpurchiton, niemals aber Hose, Tiara und Königsmantel) und makedonischer Königstracht und ist somit deutlich ein erster, tastender Versuch jener so notwendigen Synthese. Mit Rücksicht wohl auf die Griechen erscheint der Königstitel auf den Reichsmünzen ab 329 auffallend selten, und bis zu seinem Tode verwendet Alexander für das Perserreich und für Griechenland verschiedene Siegel auf seinen Schreiben. Als Fremdling, der er war, mußte ihm die Gewinnung des Ostens für seine Konzeption der griechischen Welt gegenüber als schwieriger und deshalb vordringlicher erscheinen. Der Versuch der Einführung der Proskynese mag in diesem Zusammenhang ein Vorprellen nicht zuletzt vielleicht in falscher Einschätzung der Situation und des bisher Erreichten gewesen sein. Alexander nimmt jedoch bei makedonischer Resistenz schnell wieder Abstand. Die Einstellung orientalischer Truppen ins Heer lag aus militärischen Gründen nahe; hieran sich knüpfende, weitere Absichten lassen sich gut aus dem wohl bereits 330 erlassenen Befehl zur Epigonenausbildung in den Kerngebieten des Reichs erkennen.[196] Daneben steht das Bemühen um die Oberschicht, das in der Heirat mit einer baktrischen Magnatentochter seinen Höhepunkt findet. Bezeichnenderweise hatte Alexander vorher bereits Bessos nach dessen Gefangennahme gleichsam die Usurpation verziehen und ihn nur wegen seines Verbrechens an Dareios bestrafen lassen, eine nicht zu übersehende Geste gegenüber dem persisch-baktrischen Adel, der Bessos gegen ihn selbst, den Fremden, unterstützte.[197] Für die Bestrafung wiederum scheint das Vorbild Dareios' I. maßgebend; zu ihr paßt die Anknüpfung auch an Kyros bei passender Gelegenheit[198], dessen Grab er durch Aristobul sorgfältig wiederherstellen ließ. Sein Befehl, das Avesta ins Griechische zu übersetzen, scheint daher ebenso klug berechnet wie die Unterweisung der Epigonen in griechischer Schrift und zweifelsohne auch in griechischer Sprache.

Offensichtlich aber hatte Alexander auch hier die sich ergebenden Möglichkeiten überschätzt. Das Verhalten, das die Bestrafungswelle 324 heraufbeschwor, eine gleichsam östliche Komponente des makedonischen Widerstandes, mußte ihm zeigen, daß die Überbrückung einer Jahrhunderte hindurch als tief empfundenen Kluft schwieriger war, als es nach der zustimmenden Haltung der ersten Jahre den Anschein hatte. Bald darauf läßt die Hochzeit in Susa sich als Reaktion gerade auf diese Erkenntnis und zugleich als Versuch eines Neuanfangs auf anderer Grundlage verstehen. Der persische Trauungsritus zeigt, daß Alexander keineswegs gewillt war, seine Gewinnungsversuche aufzugeben. Darüber hinaus aber bedeuten die Einstellung von 30 000 makedonisch erzogenen Epigonen und später nochmals von 20000 jungen Persern eine verstärkte Aktivierung nunmehr auch anderer, niederer sozialer Schichten im Sinne dieser notwendigen Entwicklung und zugleich eine Verbreiterung der vorher bereits geschaffenen Grundlage. Zu ihr paßt auch die Ausdehnung der Hochzeit auf über 10000 Makedonen. Selbst das Gebet von Opis erhielte in diesem Zusammenhang eine geradezu verzweifelte Aktualität. Denn sollten sich Alexanders Vorstellungen von einem künftigen Reich als fruchtbar erweisen, war es Zeit, daß nach vorbereitenden Versuchen jetzt der eigentliche Umwandlungsprozeß begann, das heißt, daß das bisher von außen her initiierte Gemeinschaftsgefühl zwischen Ost und West sich gleichsam verinnerlichte und eine Selbstverständlichkeit wurde. Alexander mochte längst eingesehen haben, daß seine Absichten wirkliche Gestalt erst in der nächsten Generation, der der Epigonen und Soldatenkinder, gewinnen würden. Der allgemeine, konsequente Abbau von Vorbehalten und Vorurteilen duldete keinen Aufschub mehr. Stets bereit, die Barbaren als seinesgleichen zu betrachten, behandelte er nicht nur die gefangenen Königinnen ehrenvoll, sondern ging mit drakonischen Strafen gegen eigene Leute vor[199], die sich gegen die Unterworfenen nach Siegermanier aufführten, und nahm in diesen Dingen selbst den Bruch mit Aristoteles in Kauf.[200] Vielleicht ist auch die von den Betroffenen anfangs als ungerecht empfundene Rücksendung der Makedonen älterer Generation im Jahre 324 von hier aus zu verstehen. Sie kamen noch aus der Welt jener Vorurteile, hatten opponiert und obendrein zuviel von den Anfängen der angebahnten Entwicklung gesehen. Ohne sie mochte es zweifelsohne leichter sein, die Armee als den Homogenisierungsfaktor weiter auszubauen, der sie nun einmal geworden war. Die auffallend rasche Ausführung des unter Verwendung eines Minimums an makedonisch-griechischen Elementen geplanten Arabienzuges wiederum könnte deshalb beschlossen worden sein, um den zahlreichen Orientalen der Armee das Bewußtsein der Zugehörigkeit zu dem neuen Reich einzuimpfen und damit möglichst bald einen entscheidenden Schritt für dessen weitere innere Entwicklung zu tun.

Alexanders Tod bedeutet einen Abbruch auch hier; die hellenistischen Herrscher gehen von anderen Voraussetzungen aus, und das Ost-West-Problem verschiebt sich völlig. Allerdings, die geistige Auseinandersetzung um die Probleme, die Alexander aufgeworfen hatte, beginnt erst jetzt. Alexander, der Befreier, der neue Herr, hatte nach anfänglicher Anerkennung seiner historischen Rolle bei den neuen Untertanen Widerstand gefunden, und was er unternahm, diesen zu brechen, rief vorerst nur Aversionen hervor. Dabei war es geblieben. Die Orakel, die seinen Tod voraussagen, haben eine einheimische, zumindest gemeinorientalische Wurzel, so daß die Überlieferungsstränge nach vorwärts wie rückwärts kaum mehr ganz zu analysieren sind; sie mögen aber die allgemeine Stimmung dieser Zeit reflektieren. Im Mythos und in der Folklore dieser Völker kristallisiert sich bald danach als Ausdruck und allgemein verstandene

Verkörperung hellenischer Fremdherrschaft das Bild von Alexander als einer Gottesgeißel, als einem Eroberer, der in Persepolis die heiligen Bücher der Perser verbrennen läßt, als dem übermenschlichen Gewaltherrscher, der das Böse schlechthin in sich verkörpert. Für die gerade in bezug auf ihn Religiöses und Historisches vermengende Apokalyptik einschließlich der christlichen sind etwa die Sibyllinischen Orakel das beredteste Zeugnis, auch wenn sie erst aus späterer Zeit auf uns gekommen sind. Im 2. Jahrhundert v. Chr. entsteht dann aus der Vermischung von historischer und fiktiver Überlieferung in Alexandreia der Alexander-Roman, möglicherweise als bewußter Versuch, zu diesem allgemeinen Bild ein wirksames Gegenbild zu schaffen. In fast alle orientalischen Sprachen übertragen und immer wieder die Dinge variierend, versetzt er Alexander erneut in die Sphäre des Mythischen, Irrealen und schafft damit zugleich im wesentlichen auch die Vorlage für den Alexander in der Literatur und der bildenden Kunst des Mittelalters. Spuren sagenhafter Alexander-Überlieferung lassen sich heute noch in Irland wie auf Sumatra nachwei-

Medischer und persischer Gardist. Relief aus Persepolis

sen. Englische Reisende fanden in Turkestan wie im Hindukusch einzelne Familien und ganze Stämme, die ihre Herkunft auf Alexander selbst oder dessen Krieger zurückführten.

WELTHERRSCHAFT UND WIRKLICHKEIT

Alles, was von Plänen Alexanders zur Herrschaft über die Welt, also der Ausdehnung des Gewonnenen ins vorerst Grenzenlose, überliefert wird, ist von dieser Notwendigkeit einer Zukunftsgestaltung aus zu verstehen. Gleichgültig, wie er seine Situation sah oder die sich aufdrängenden Aufgaben verstand: Sinn und Bestand würde das Erreichte nur haben, wenn er auch räumlich und organisatorisch sein Reich zu füllen vermochte und das Begonnene nach außen hin sicherte. Das persische Reich in seinem gewaltigen Umfang mochte ihm ein Modell bieten für das, was mit seinen Kräften zu leisten war, und schon von hier aus ergibt sich, daß ihm bei rationeller Überlegung nur wenig daran gelegen haben kann, den erlangten Macht-Komplex wahllos zu erweitern. Es ist begreiflich, daß bereits die zeitgenössische Literatur seine Eroberung des Achämenidenreiches bis hin zum Jaxartes und zum Indus mißdeutete und auch aus Ereignissen oder Plänen nach 324 falsche Schlüsse zog. Die philosophische wie die romanhafte Deutung späterer Zeiten nahmen dann die Sensationsnachrichten der Zeitgenossen nur zu gerne auf und spannen sie weiter. Dazu kommt, daß Alexander, nicht zuletzt wohl nach den Erfahrungen früher Jahre, seine Entschlüsse im wesentlichen allein faßte, daß er trotz Beratung, Vorbereitung und Besprechung der Details seine Umgebung offenbar nie sehr genau in seine Pläne einweihte und mit seinen Absichten selbst die nächsten Freunde vor vollendete Tatsachen zu stellen pflegte. Ihr Verhalten nach seinem Tode wäre nicht zuletzt auch damit zu motivieren, daß sie wirklich keine Ahnung hatten, wie die Dinge nach seinem Willen hätten weitergehen sollen. Die Absichten und Phasen seines Hineinwachsens in die Herrschaftskonzeption bleiben seltsam undurchsichtig. Unsere Quellen bezeichnen den Begriff des Pothos, eines unerklärlichen Dranges nach immer wieder Neuem[201], als Triebfeder seines Handelns. Diese Deutung muß bereits in seiner nächsten Umgebung etwas Gewohntes gewesen sein und spiegelt vielleicht, was Alexander selbst empfand oder empfunden wissen wollte. An sich freilich ist dieser Pothos kaum mehr als eine pseudopsychologische Hilfskonstruktion, um über Unkenntnis und Undeutbarkeit hinwegzuhelfen. Alexanders Handlungen, vor allem aber seine Erfolge verbieten es, einem ins Unendliche[202] hinausgreifenden Irrationalen oder Triebhaften in ihm allzu große Bedeutung beizumessen. Sie lassen vielmehr im kleinen wie auch im großen auf ein Überwiegen rationaler Elemente schließen und widersprechen der Vorstellung von einem unbezähmbaren, gleichsam zu eigener Befriedigung ruhelos tätigen Willen, der letztlich auch die Ratio als Mittel zum Zweck einer permanenten Weltveränderung in seinen Dienst bannen möchte.[203] Wohl läßt die Überlieferung ihn die ganze Welt durchziehen und schließlich die Grenzen zum Mythisch-Märchenhaften hin überschreiten. Sein Verhalten am Jaxartes und am Hyphasis zwingt jedoch zu der Annahme, daß er in keinem Augenblick seines Lebens den Blick für das Erreichbare, Notwendige verlor. Zwar war er als Herr über Griechenland der Erfüllung des nach dem Tode des Dareios übernommenen achämenidischen Weltherrschaftspostulates näher als irgendein Großkönig vor ihm. Indes auch dort, wo er wie in Indien die Pläne seiner Vorgänger wieder aufnahm, ist nicht zu erkennen, daß er die von diesen gesetzten Grenzen aufzuheben oder gar ins Unendliche hinaus vorzutreiben beabsichtigte. Die Ereignisse und Maßnahmen der letzten beiden Jahre lassen eher darauf schließen, er habe in dem Gewonnenen bereits den Großteil der Eroberungsarbeit als getan angesehen und alles Weitere sei für ihn lediglich eine unvermeidliche Ergänzung des Erreichten gewesen, die kaum mehr viel an Kraft und Zeit beanspruchen werde. Zielloses Verschwenden dieser Kraft läßt sich gerade auf diesem Höhepunkt von Macht und Einsicht in die Dinge am wenigsten nachweisen.

Dazu kommt noch etwas anderes. Bis zu seinem Tode vereinigte Alexander eine Fülle von Rechtstiteln in seiner Person. Er war König der Makedonen, Archon der Thessaler, Hegemon des Korinthischen Bundes und zugleich Bundesgenosse einzelner griechischer Staaten des Mutterlandes wie der Stadt Kyrene, Bundesgenosse der befreiten Griechenstädte Kleinasiens, nach Adas Tod Dynast von Karien, Verbündeter der kyprischen und phönikischen Stadtkönige, möglicherweise auch des jüdischen Staates von Jerusalem, ägyptischer Pharao, Rechtsnachfolger der babylonischen Könige, Großkönig des ehemaligen Achämenidenreiches und schließlich Bundesgenosse sakischer und indischer Fürsten; noch mehr als das persische wirkt das Alexanderreich zu diesem Zeitpunkt wie ein Konglomerat von Herrschaftsbeziehungen verschiedenartiger Wertigkeit. Um jener oben angedeuteten Homogenität willen aber war es notwendig, die Vielfalt dieser Verhältnisse abzubauen. Wie weit Alexander hier zu gehen beabsichtigte und ob ihm ein Einheitsstaat als letztes Ziel vorschwebte, ist nicht mehr zu erkennen. Maßnahmen, die sich als Einleitung eines Entwicklungsprozesses auch im Staatsrechtlichen verstehen ließen, sind nicht überliefert. Sein Verzicht auf die Unterwerfung Skythiens oder Indiens aber könnte nicht zuletzt auf die Absicht zurückgehen, in diesen Dingen das Arbeitsfeld nicht über Gebühr auszudehnen, sondern es überschaubar zu halten. Zugleich mit dem Maßhalten und der Akzentverlagerung auf die innere Entwicklung beginnt Alexander, einen anderen Grundgedanken zu verwirklichen. Gewiß, auch dieser ist nicht neu; schon Dareios I. hatte seinerzeit versucht, der Weltherrschaftsidee einen konkreten Inhalt zu geben. Indes, Persien war gescheitert, und dies nicht aus Mangel an Mitteln, sondern aus Mangel an Interesse. Indem Alexander

aber nun klarer als je einer seiner Vorgänger die Herrschaft als ein wirtschaftspolitisches Problem begreift und daraus sofort die Konsequenzen zieht, korrigiert er eine Fehlentwicklung, die erkannt zu haben ihn über das normale Selbstverständnis seiner Zeit hinaushebt.

Von hier aus gesehen scheint denn wohl kaum abwegig, er habe, wenn man so will, die Kontrolle über die ganze Oikumene, das heißt die ganze von Menschen bewohnte Welt, gesucht. Sein Ziel freilich ist nicht mehr unbedingt die absolute Beherrschung, und der ihm vorgezeichnete Weg nicht so sehr die Unterwerfung[204] durch Gewalt als die Kalkulation mit dem Faktor Zeit. Eine wirtschaftlich-politische Komponente hatte offensichtlich seinen Krieg gegen Persien von Anfang an bestimmt. Sie mochte, auf den ersten Blick nicht deutlich erkennbar, anfangs neben der panhellenischen Zielsetzung einhergehen, paßte sich aber mit dem Hineinwachsen.

Alexander-Sarkophag. Rechte Seitenansicht. Museum, Istanbul

Sog. Alexander-Sarkophag. Arbeit eines attischen Künstlers.
Linke Seitenansicht. Museum, Istanbul

in die neue Herrscherrolle auffallend rasch den Umständen an. Schon die Eroberung Phönikiens, die Gewinnung Ägyptens und die Gründung Alexandreias mitten im Kriege verfolgten ein auf Griechenland und den Westen bezogenes, allein vom Wirtschaftspolitischen her verständliches Ziel. Denn was getan werden sollte, mußte 332 schnell getan werden, und Alexander wußte, daß Propagandagesten allein nicht ausreichten, um Griechenland vom Sinn des Krieges wirklich zu überzeugen. Die Berührung mit den Karthagern in Tyros hat hier vielleicht eine weitere Anregung geliefert. Bald danach muß die beginnende Ausmünzung von über 10000 Talenten des persischen Staatsschatzes[205] zu vermehrtem Geldumlauf und damit einer Ankurbelung des Geld-Waren-Verkehrs geführt haben. Der neue Goldstater (8,27 g) wird nach attisch-euböischem Münzfuß geprägt; attischen Münzfuß behält auch die von Philipp überkom-

mene Silberwährung (Tetradrachme als häufigstes Geldstück zu 14,58 g). Die Vorteile der damit eingeleiteten einheitlichen Prägung im antik-orientalischen Raum sind kaum zu übersehen. Recht eindeutig auf den Westen weist denn wohl auch die Lage der neuen Prägestätten Sidon, Ake, Amphipolis und schließlich Sikyon neben Babylon im Osten; bezeichnenderweise verwendet Alexander bei sparsamer Anwendung des Königstitels mit Vorliebe auf seinen Münzen das Bild der Athene. Mochten solche Maßnahmen und der vermehrte Geldumlauf auf weite Sicht auch die Gefahr einer inflationistischen Entwicklung in sich bergen: in Griechenland und dem Mittelmeergebiet muß man für den Augenblick in erster Linie den Segen beginnender Prosperität verspürt haben. Es gehört vielleicht in diesen Zusammenhang, daß man in Syrien für die Zeit unmittelbar nach Alexander ein verstärktes Auftreten attischer Tonwaren registriert hat.

Der Vormarsch im Perserreich ist gekennzeichnet durch Nachrichten über Anlage von Städten bzw. Neuaufbau und Erneuerung bereits bestehender Siedlungen. Die überlieferte Gesamtzahl von 70 fast durchweg nach Alexander benannten Gründungen[206] mag übertrieben sein; daß sie wichtiger Bestandteil eines umfassenden Programms waren, ist nicht zu verkennen. Neben Alexandreia in Ägypten und vielleicht bereits Alexandrette in Syrien entsteht, um das Wichtigste zu nennen, Alexandreia in der Areia, das heutige Herât[207]. damals vielleicht mit Flußverbindung zum Kaspischen Meer. Neubesiedelt wird 330 der Ort des Philotas-Prozesses, Alexandreia Prophthasia[208] (vielleicht Farah), später in Arachosien eine weitere Stadt (Kandahar oder Ghazni, vielleicht beides)[209]; eine weitere Stadt entsteht am Zusammenfluß von Pandschir und Ghorband (Alexandreia im Kaukasus, Begrâm)[210], eine zweite vielleicht in der Nähe[211] und möglicherweise später Nikaia im Kabultal am Weg zum Khaiberpaß.[212] Mindestens zwölf Städte legt Alexander jenseits des Hinukuschs zur Sicherung Baktriens und der Sogdiana an[213], darunter Chodjent am Jaxartes, wohl auch Tarmita am Oxus (Stalinabad)[214] und vielleicht das vor kurzem entdeckte Ai Chnoum, dazu noch Merw.[215] Am Hydaspes nahe beim Schlachtfeld entstehen Bukephala[216], benannt nach Alexanders dort verendetem Reitpferd, und Nikaia, dazu später eine Stadt[217] am Akesines und eine weitere an dessen Mündung.[218] Nach Gründung Pattalas und den Hafenanlagen an der Indusmündung[219] läßt Alexander eine Stadt auch im Oreitenland errichten und verbindet sie mit einem Seehafen.[220] Dazu kommen Siedlungen vielleicht noch in Gedrosien (Alexandreia in der Makarene)[221]; Polybios kennt Stadtanlagen Alexanders auch im Elbursgebiet.[222] Noch 324 entsteht eine Stadt im Gebiet von Susa; die letzte dieser Art, Alexandreia Charax, entwickelt sich bald zum wichtigen Umschlagplatz am Persischen Golf.[223] Zwar handelt es sich bei all diesen Gründungen um Errichtung von Nachschubetappen und um wichtige Kontrollpunkte.[224] Doch fällt fast bei jeder von ihnen zugleich auch die

Lage an Handelswegen auf[225], und die meisten von ihnen scheinen sich nicht zuletzt deshalb bis auf den heutigen Tag erhalten zu haben. Alexander hatte zweifellos Gelegenheit genug, sich hier im voraus zu orientieren, und so ist anzunehmen, daß neben militärischen noch andere Absichten diese Gründungen bestimmten: Förderung und Intensivierung der Binnenwirtschaft durch Ausbau und Erleichterung des Austauschs von Waren und Produkten. Die Rolle, die diese Siedlungen in verkehrsgünstiger Lage dadurch zugleich für ihr Hinterland wirtschaftlich wie politisch als dessen neues Zentrum spielen würden, war sicher ebenfalls vorausberechnet.[226] Schrittweise wird so das im Westen Begonnene nach Osten vorangetrieben. Den Händlern und dem Armeetroß war vermutlich in diesem Rahmen eine Funktion zugedacht, die sich nicht nur auf die Heeresversorgung beschränkte.[227]

Dazu kommt eine weitere Nebenabsicht. Über die innere Struktur dieser Städte und ihren Rechtsstatus im Alexanderreich wissen wir so gut wie nichts; Zeugnisse aus späterer Zeit gehen von anderen Voraussetzungen aus. Ihnen griechischen Charakter zu geben, hatte Alexander allen Grund, denn der wichtigste, sie gleichsam tragende Bevölkerungsteil in nachweislich den meisten von ihnen waren Griechen und körperlich untauglich gewordene Makedonen. In der Tat weist denn fast jede von ihnen archäologisch noch faßbare Kulturattribute der griechischen Polis auf: Straßenführung, Gymnasium, Agora, Akropolis. Nicht allein aber, daß dann die Einweisung einheimischer, mit städtischem Leben kaum vertrauter Orientalen diese allmählich an ein Dasein in neuer Umgebung gewöhnte: das zwangsläufige Zusammenleben mit den Eroberern mußte nicht nur ihren wirtschaftlichen, sondern auch ihren politischen Horizont erweitern und damit einen natürlichen Umerziehungsprozeß einleiten, der sicher nicht ohne Folgen blieb.[228] Zugleich entstanden durch dieses Zusammenleben neue verwandtschaftliche Bindungen, welche die Gruppe der Soldatenkinder[229] verstärkten und gewissermaßen deren bodenständige Komponente darstellten, in ihren Möglichkeiten quantitativer Ausweitung aber schlechthin unerschöpflich waren. So bot sich die Aussicht auf allmähliche Entstehung einer neuen, mehr und mehr das ganze Herrschaftsgebiet durchdringenden, relativ homogenen Schicht, die man nun wirklich Reichsbevölkerung nennen konnte.

Wie weit ein solcher Plan von philosophischen Neuerkenntnissen dieser Zeit und insbesondere der stoischen Idee von der Gleichheit und Brüderlichkeit aller Menschen mitbeeinflußt war, ist ohne Belang. Es scheint, daß Aristoteles sich in eben diesen Dingen mit Alexander auseinandersetzte, ihn durch Briefe vor einer allzu intensiv betriebenen Vermischungspolitik warnte und sich schließlich mit ihm überwarf.[230] Näher liegt, daß gerade realpolitische Erwägungen es waren, die umgekehrt eine solche Idee erst förderten. Kaum zu klären ist auch, ob Alexanders Pläne sich allein auf Griechen und Perser, das heißt auf die bisher führenden Elitevölker, oder

= Angelegte oder geplante Siedlungen
✗ = Sofort vorgenommene Neubesiedlung verlassener oder verfallener Plätze

aber auf den Osten und Westen als Ganzes bezogen. Die Soldaten jedenfalls hatten Kinder nicht nur mit Perserinnen gezeugt; Siedlungen entstanden auch außerhalb des persischen Kernlandes. Und selbst wenn man anfangs die Vermischung dosiert haben sollte, war es auf die Dauer unvermeidlich, daß man nicht nur Teile, sondern den ganzen Osten in solche Erwägungen einbezog. So erwähnen unsere Quellen denn auch Alexanders Absicht, eines Tages die erwachsenen Soldatenkinder nach Makedonien zu führen, was man 324 klugerweise unterließ. Ja, treffen unsere Nachrichten zu, so plante man eine Völkerverpflanzung großen Stils offensichtlich nach beiden Richtungen hin.[231] Eine neue Ansiedlungswelle im Osten mittels dazu gezwungener oder gedungener Söldner

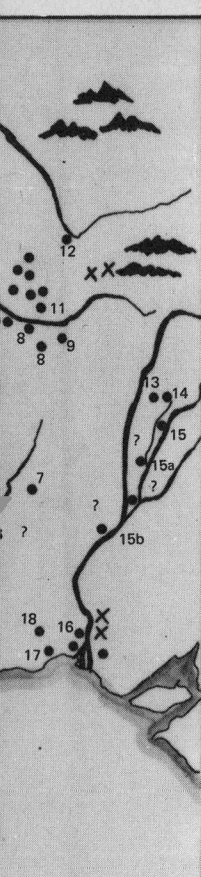

scheint sich 324 als nächstes abzuzeichnen, während die eingeleitete Kultivierungsaktion der Küstengebiete am Persischen Golf erkennen läßt, daß Alexander tatsächlich willens war, Bevölkerungselemente aus dem ganzen Reichsgebiet in die begonnene Bewegung einzubeziehen. Darüber freilich, ob deren letztes Ziel die völlige ethnische Homogenität war oder ob man die mit der Zeit sich formierende Schicht zwischen den verschiedenen Völkern als wichtigsten Garanten eines künftigen Zusammenhaltes ansah, sind, jedenfalls für Alexanders Lebenszeit, Spekulationen wohl müßig. Ähnliches gilt für den noch zu fixierenden Rechtsstatus dieser neuen Bevölkerungsgruppe. Die Art, wie Alexander seinerzeit in Kleinasien ähnliche Probleme gelöst hatte, legt allerdings nahe, daß er mit die-

Alexandreia im Kaukasus (heute: Begrâm)

sem Problem schnell fertig geworden wäre, und nicht zuletzt dies mochte
es sein, was die griechischen Polisbürger in der Heimat für ihre Selbständigkeit und ihre eigene politische Zukunft fürchten ließ.

Nun konnte neben dieser Funktion als notwendiges, homogenisieren-
des Element zur Schaffung der eigentlichen Grundlage für das neu entstehende Reich die Siedlungs- und Wirtschaftspolitik, wie sie Alexander
betrieb bzw. ankurbelte, auch nach außen hin nicht ohne Folgen bleiben.
Die Motivierung für die Stadtgründung am Jaxartes erinnert nicht ohne
Grund an die von Alexandreia in Ägypten. Gezielte Fernwirkung neuer
Zivilisationsformen und -intensitäten auf die seit je interessierten Rand-
völker, Kultur als offensichtlich auf Dauer gedachtes Mittel der Gewinnung, sie mußten zu verstärkter Angleichung und freiwilliger Unterordnung unter die neue Großmacht führen. Auch von hier aus gesehen war
es nicht schwer, die einer solchen Handlungsweise zugrunde liegenden,
sicher unter Augenzeugen vieldiskutierten Erwägungen als Pläne einer
Weltherrschaft zu deuten.

Daß man dabei die ebenfalls zum Perserreich gehörenden Gebiete wie
Kappadokien, Pontos und sogar Armenien ausgespart hatte[232], wurde auf
diese Weise ebenso verständlich wie Alexanders Verhalten gegenüber den
sakischen Fürsten und schließlich in Indien. Zwar konnten aus Siche-
rungsgründen dort die Gebiete jenseits des Hyphasis nicht außerhalb des
eigenen Interessenkreises bleiben; an die erzwungene Umkehr indes
schließen sich die Indusfahrt, die Gewinnung des Indusgebietes, der
Hafen, die Stadtanlagen und zuletzt die Eröffnung des Seeweges durch

Nearch. So war Indien durch das maritime Unternehmen ein zweites Mal an den sich bildenden Wirtschaftsraum von Griechenland bis zum Hindukusch und zum Persischen Golf angeschlossen worden. Nach den Erfahrungen dieser Zeit aber war zu erwarten, daß sich die damit eingeleitete Entwicklung sehr bald auf jene noch auswärtigen Gebiete erstrecken würde, die Länder östlich des Hyphasis in ihren Sog zog und sie gleichsam durchdrang. Über kurz oder lang würde damit der Osten zum Partner des bisher gewonnenen Westens in einer Weise werden, wie dies von den Vorgängern Alexanders keiner beabsichtigt oder auch nur für möglich gehalten hatte. Seit je aber hatten — die Beispiele aus der Wirtschaftsgeschichte Griechenlands, Makedoniens und des westlichen Mittelmeerraumes waren Alexander zweifelsohne bekannt — derartige Bindungen auch politische nach sich gezogen, und es konnte nicht ausbleiben, daß dies in Indien ebenfalls geschah. Im Hinblick auf die vorhandenen, überschaubaren Machtverhältnisse aber mußte dies in der Tat die Kontrolle bis an die Küste des Ozeans bedeuten und die Ausnutzung wirtschaftlicher Möglichkeiten zum Ersatz für zunächst nicht opportune, militärische Unterwerfung werden. Es wäre denkbar, daß diese Zielsetzung bereits die Gestaltung des Verhältnisses zu den indischen Bundesgenossen mitbestimmte. Bezeichnend ist, daß Poros 317 auf einem Feldzug an den Ganges ermordet wird. Er muß demnach Alexanders Pläne in eigener Initiative aufgenommen und weitergeführt haben.[233]

Die weiteren Pläne der letzten Jahre schließen sich dann gleichsam als natürliche Fortsetzung an diese Erwägungen an. Die Weltmeerfrage hatte nach Beweis ihrer wirtschaftspolitischen Bedeutung durch Nearch neue Impulse gebracht; sie mögen zu verstärktem Interesse für die Frage geführt haben, ob der Kaspisee ein Binnenmeer oder tatsächlich ebenfalls ein Teil jenes Ozeans sei.[234] Sicher wurde auch das Jaxartes-Problem wieder akut; war dieser Fluß identisch mit dem Don, so ergaben sich ebenfalls neue, ungeahnte politische und wirtschaftliche Möglichkeiten. Neben der plausiblen Nachricht von einer geplanten Afrika-Umsegelung steht die andere, Alexander habe auch eine Expedition zu den Quellen des Nils geschickt. All dies freilich scheint Vorbereitung für die Zeit nach der Beendigung wichtigerer Unternehmungen. Die soeben mit aller Energie in die Wege geleitete Öffnung des Ostens aber hatte nur Sinn, wenn Alexander nunmehr, und zwar so schnell wie möglich, das gleiche im Westen der Oikumene unternahm, das heißt für Handel, Austausch und wirtschaftliche Beziehungen dort die Voraussetzungen gleichsam eines Pendants oder, anders ausgedrückt, einer Partnerschaft zustande brachte und zugleich mit Gewinnung neuer Expansionsmöglichkeiten Aussichten auf weitere Intensivierung von Handel und Güterproduktion angesichts eines hier wie dort immer mehr sich ausdehnenden Hinterlandes schuf. Dies alles aber zwang zur Beschäftigung mit den Handelsstaaten des Mittelmeerraumes. Nicht nur, daß damit Griechenland mit seinen besonderen

Alexander zu Pferd. Bronzestatuette. Römische Kopie nach Lysipp.
Museo Nazionale, Neapel

Problemen Aussichten auf neuen Aufschwung gewann. Das von Alexander beherrschte Großreich in der Mitte wurde auf diese Weise zum Zentrum eines Wirtschaftsraums, der ihm allein auf die Dauer Existenzberechtigung gab und die politisch dominierende Rolle zu sichern vermochte. Wohl lassen sich derartige, logisch aus dem Vorausgegangenen abzuleitende Absichten als Zeugnisse eines Weltherrschaftsstrebens und haltlosen Machttriebes deuten; die Wirklichkeit aber scheint anderer Art zu sein. Griechenland, das Balkangebiet und die Adriaküste waren bereits unter Alexanders Kontrolle, und im Gegensatz zu dem weithin unbekannten Indien fiel jenes Sicherungsmotiv im Westen so gut wie gänzlich fort; die Gefährdung des Handels durch Seeräuber war sicher kein allzu ernst genommener Faktor. 324 bereits hatte Alexander Gesandtschaften aus der ganzen Mittelmeerwelt bei sich, darunter der Handelsmächte Karthago und Etrurien, und auch ohne Unterwerfungsaktion durfte er sich mit Recht als der Herr selbst des Westens fühlen.[235] Dort wiederum hatte man zweifelsohne längst die Ziele des neuen Imperiums erkannt und wußte auch um die hieraus sich ergebenden eigenen Vorteile, besonders angesichts der in Indien entwickelten, neuen außenpolitischen Verfahrensweisen. Widerstand gegen den Anschluß an dieses Wirtschaftsimperium, von der Frage der militärischen Überlegenheit ganz abgesehen, aber mußte bei solchen Ansichten als sinnlos und töricht erscheinen, und es ist zu bezweifeln, daß einen wirklichen Krieg irgend jemand ernstlich erwog. So bedeutet Arabien zwar den notwendigen Schlußstein für die Gewinnung des Ostens. Arrian zufolge aber setzt Alexander auch dort das in Indien Begonnene fort und beschränkt sich auf Bündnis mit den einzelnen Stämmen[236], wobei er sicher auch hier damit rechnet, mit der Zeit werde sich dieses Verhältnis zu einer natürlichen Unterordnung intensivieren. Damit war denn alles getan, jene umfassende Ost-West-Verbindung einzuleiten. Zum Landweg über die Staaten Persiens war der Seeweg von Indien bis Babylon als Umschlagplatz getreten; die Möglichkeiten der Schiffahrt reichten darüber hinaus den Euphrat und den Tigris aufwärts bis weit nach Kleinasien und Syrien, und der Landweg an die Küste Palästinas war altbekannt. Eine andere Möglichkeit führte an der arabischen Küste vorbei durchs Rote Meer bis nach Ägypten und von dort an die Südküste des Mittelmeers. Dies allein hatte wohl die Opfer in Gedrosien gerechtfertigt; die Besiedlung des Persischen Golfes ausgerechnet mit Phönikern und der Ausbau[237] Babylons zum Großhafen lassen keinen Zweifel an den politischen Akzenten Alexanders um diese Zeit.

Sicher hätte er sich nach der Ankunft in Ägypten noch intensiver mit dem Westen beschäftigt als bisher und zur Realisierung seiner Pläne einiges getan, was potentielle künftige Partner zu leisten gar nicht in der Lage waren. Mochte die Arabien- und die Rotmeerflotte für den Indischen Ozean bestimmt sein – seine letzten Pläne[238] sprechen vom Bau einer Riesenzahl von Schiffen in Phönikien. Militärische Absichten daraus zu erschließen, geht nicht an, denn eine ausreichend starke Flotte im Mittelmeer besaß er bereits; auch läßt die von Diodor betonte Größe der Fahrzeuge eher auf Handel als auf Krieg schließen. Fraglich bleibt daneben, ob die Landarmee in ihrer damaligen Zusammensetzung für einen Feldzug geeignet war. Die Quellen sprechen von einem geplanten Marsch nach Karthago: der dabei erwähnte Bau einer Straße weist ebenfalls eher auf friedliche Absichten hin. Zugleich wird vom Plan eines Zuges um die nördlichen Küsten des Mittelmeeres berichtet, und noch Livius ergeht sich in wortreichen Vermutungen, was passiert wäre, hätte Alexander sich dabei auch mit Rom angelegt.

All das freilich bleibt Spekulation, und weder über Zeitpunkt, einzelne Aktionen, noch über Ziele ist Klarheit zu gewinnen. Daß, wenn überhaupt, die Dinge auf weite Sicht angelegt waren, lassen die berichteten Zahlen vermuten. Ein Zug nach dem Westen ist keineswegs auszuschließen. Es ist aber zu bezweifeln, daß Alexander vorhatte, diese Länder zu erobern und sie wie Persien seinem Machtbereich einzugliedern. Die Dinge lagen hier ganz anders, und im übrigen mochte ihn Griechenland darüber belehren, zu welch unnötigen politischen Komplikationen ein allzu energisches Betonen der Machtverhältnisse führte. Näher liegt, daß Alexander sich ähnlich wie in Indien und Arabien mit vertraglichem Anschluß begnügt und auch dort den politischen Effekt intensiv geförderter, erfolgreicher wirtschaftlicher Beziehungen abgewartet hätte. Jede andere Planung wirkt daneben utopisch, und die antiken Quellen, die ein fragwürdiges Alexander-Bild konstruieren, vergewaltigen wohl die überlieferten Nachrichten.

HELLENISMUS UND NACHWELT

Alle Deutung bleibt indes Stückwerk, und unser Bild der Dinge ist trotz einer Fülle scheinbar gut verwendbarer Zeugnisse letztlich doch nicht mehr als das Ergebnis eigener Spekulation. Für die antiken Autoren unserer Quellen blieb der innere Zusammenhang von Einzelheiten, Ereignissen, Absichten und Verhaltensweisen ohne großen Belang. Da sie nur überliefern, was zu ihrer eigenen Auffassung paßt, wird es einer späteren Deutung nicht mehr möglich sein, ihre Widersprüche aufzulösen. Alexanders Werk, scheinbar so logisch als deren Lösung auf reale Gegebenheiten vom ersten Tag an aufbauend und gleichsam genetisch aus solchen Anfängen herauswachsend, erfaßte mit der Zeit allzu viele Perspektiven menschlichen Lebens, und die für den Anfang verständliche Rolle des Eroberers und Herrschers wurde schnell abgelöst durch die des Städtegründers, Zivilisators, des Religionsstifters und -erneuerers. Bereitete das Umdenken sogar den Zeitgenossen Schwierigkeiten, so hat der Historiker zusätzlich für jedes Detail eine ganze Reihe heterogener und andererseits doch merkwürdig ineinander verwobener Interpretationsmöglichkeiten und Hintergründe zu überprüfen, und dies ohne die Aussicht, je zu einem Ziel zu kommen. Was bleibt ihm da anderes, als sich irgendwann einmal über sachliche Detailfragen und das Gewirr quellenkritischer Klärungsversuche hinwegzusetzen, um das zu tun, wozu der Gesamteindruck ihn geradezu zwingt? Die Alexander-Forschung ist seit Johann Gustav Droysens epochemachendem Jugendwerk in der Tat typisch für jenes Grenzgebiet zwischen wissenschaftlicher Objektivität und der Subjektivität einzelner Forscher, zwischen Analyse und Zusammenschau der Deutung; die sich aus ihr heraus entwickelnde Problematik wäre ihrerseits daneben bereits ein Stück Zeitgeschichte par excellence.

Was Alexander unternahm, warf fast immer die vor seiner Zeit gültigen Vorstellungen über den Haufen, und dies selbst dort, wo er etwas Neues nur anzukündigen vermochte oder über Ansätze nicht hinauskam. Bisher gültige geographische und selbst historische Vorstellungen wurden durch ihn über Nacht gegenstandslos, allgemeingültige ethische Voraussetzungen und selbst philosophische Systeme verloren ihren Gehalt. Zugleich verschob sich durch seine Leistungen auch das Bild von den Dimensionen menschlicher Kraft – einzelner Personen oder ganzer Gruppen. Soziale Strukturen hingegen blieben im Osten wie im Westen zwar zunächst unverändert, doch die Ereignisse der letzten Jahre lassen darauf schließen, Alexander müsse sich dessen wohl bewußt gewesen sein, daß seine Konzeption auch hier jene für die antike Welt charakteristischen Verhältnisse von Grund auf ändern würde. Und offensichtlich war er bereit, ohne Rücksicht auf Bestehendes die Konsequenzen zu ziehen. So hört zum Beispiel die Versklavung mehr und mehr auf, für ihn Mittel der Unterwerfung zu sein, und wird durch Ansiedlung ersetzt. Seine Politik der Völkerverpflanzung ist, wenn die Berichte einzelner Quellen zutreffen, mit einer planmäßigen Aufhebung der Unterschiede etwa von Sklavenbevölkerung und scheinbar Freien verbunden.[239] Selbst wenn es sich dabei um vordergründige, rein pragmatische Maßnahmen und keineswegs um ein politisch-soziales Programm handelt, mußte die sich auf diese Weise abzeichnende Welt mit ihrem bisher undenkbaren Bevölkerungsgefüge auf Zeitgenossen wie ein Schock wirken. Nichts enthüllt so sehr die eigentliche Tragik Alexanders wie jener beschämende Streit um die Nachfolge noch an seinem Totenbett. Durch Übergabe des Siegelringes[240] scheint Alexander Perdikkas die kommissarische Führung der Geschäfte des zweifelsohne nach wie vor als Einheit aufgefaßten Reiches anvertraut zu haben. Als Verfechter der Reichseinheit hatten Perdikkas und sein Anhänger Eumenes zusammen mit Olympias wenig Aussicht gegenüber einer Gruppe unter Führung des Ptolemaios. Diese setzte die Zuweisung der Reichsteile an Truppenführer und Feldherren als Statthalter durch, was von vornherein Alexanders Konzeptionen gegenstandslos werden ließ.[241] So gehörte nicht mehr viel dazu, die Preisgabe von Alexanders Plänen durch die makedonische Heeresversammlung offiziell beschließen zu lassen.[242]

Fast noch im gleichen Jahr beginnen die Diadochenkämpfe und führen zur Vernichtung der Perdikkas (321) und des Eumenes (316). In ihrem weiteren Verlauf bilden sich die Großmächte Ägypten unter Ptolemaios, Makedonien-Griechenland unter Antipatros und später seinem Sohn Kassander, Thrakien unter Lysimachos, der Osten zuerst unter Antigonos, dem unter Alexander bewährten militärischen Kommandanten Kleinasi-

Ptolemaios I. Tetradrachme

ens, dann unter Seleukos (ab 312) heraus, dem es gelang, den größten Teil des Achämenidenreiches in seine Gewalt zu bringen und mit Sandrokottos unter Abtretung Indiens die territorialen Machtverhältnisse zu regeln. Das Mauryareich ist ohne Erkenntnisse und Vorbild Alexanders nicht denkbar. Während dieser Kämpfe wurden Olympias (316) und 311 auch Rhoxane samt Alexanders postum geborenen Sohn ermordet; damit war Alexanders Dynastie ausgerottet.[243] Nach 306 ernennen sich die Diadochen einer nach dem anderen selbst zu Königen und dokumentieren dadurch auch formell das Ende des Reiches. Seit dem Tod des Antigonos (301), des Lysimachos und des Seleukos (280) setzen im Bereich der sich neu bildenden Imperien die Antigoniden in Makedonien (ab 278) die alte Griechen-Politik fort und bleiben auf das Heimatgebiet beschränkt. Das Seleukidenreich zerfällt im 3. Jahrhundert allmählich; am längsten halten sich die Ptolemäer. Um die Mitte des 3. Jahrhunderts entsteht im Nordosten das graeco-baktrische Reich mit zeitweiliger Ausdehnung bis tief ganz nach Indien hinein, in Kleinasien etwas früher das pergamenische Reich. Staatsgründungen wie das pontische und das bithynische Reich geben sich, auf griechische Kräfte gestützt, zwar einen Anschein von Griechentum, bleiben aber unter der Oberfläche barbarisch. Gewisse Formen griechischer Kultur scheint selbst das um 250 entstehende parthische Reich anzunehmen, das Ergebnis der Einwanderung von Nomadenvölkern zwischen Kaspisee und Aralsee in die südlichen Räume, obwohl es sich andererseits bewußt als Reaktion auf griechische Überwanderung begreift.

Vom politischen Zerfall her erklärt sich alles andere. Trotz Verzicht auf die als allzu gigantisch angesehenen Pläne Alexanders mußten dessen Nachfolger sich bald darüber klarwerden, daß sie, Fremdstämmige in ihren Reichen, eine Herrschaft von Dauer nur errichten konnten, wenn sie in dem ihnen gegebenen Rahmen Alexanders Werk fortsetzten. Das orientalische Element verliert zunächst die ihm von Alexander zugedachte Bedeutung. Statt dessen sucht man verstärkten Anschluß an die griechische Welt zu gewinnen. Ein gewaltiger Strom von Griechen aus der Heimat ergießt sich nunmehr in eine Welt schier unbegrenzter Möglichkeiten; eine Fluktuation zwischen Indien und Italien ist nachweisbar, und überall werden Griechen zur führenden Schicht und zur eigentlichen Stütze dieser Reiche. Das Selekuidenreich beginnt zudem mit einer umfassenden Ansiedlung griechischer Söldner, die der Namensgebung nach eine Makedonisierung ganzer Landstriche des vorderen Orients bewirkt. Gerade sie führt zu Vermischung dieser Griechen mit einheimischen Volksteilen, mit der man zweifelsohne von vornherein rechnete. Planvolle Hellenisierungspolitik fast aller Herrscher öffnet der griechischen Kultur überall den Zugang und macht sie zum allgemeingültigen Qualifikationskriterium auch für einheimische Elemente; das Griechische wird zur Weltsprache schlechthin. Das Zeitalter des Hellenismus ist in der Tat gekennzeichnet durch eine Kultureinheit, deren Träger nun nicht mehr allein Griechen sind. Ihre Zeugnisse lassen sich bis an die Grenzen der Oikumene hin feststellen; kurz, die Welt ist nun in der Tat griechisch geworden, auch wenn man dabei von Alexanders Konzept abgegangen war. Anders aber als im ehemaligen Alexanderreich ist für geplante Entwicklung auf weite Sicht und für allmähliche innere Umgestaltung wenig Platz. Einmal erschöpft, erweist sich das griechische Element als quantitativ zu schwach, und während Griechenland sich entvölkert, werden die Griechen im Orient nach Versiegen des Zustroms mehr und mehr von der einheimischen Bevölkerung aufgesogen. Seit dem 3. Jahrhundert schwindet ihre Bedeutung auch als politischer Faktor in den einzelnen Reichen.

Wirtschaftspolitisch greifen die hellenistischen Herrscher weitgehend auf die einheimischen Vorbilder zurück. Sie übernehmen gern, besonders in Ägypten, die Auffassung, der Staat sei gleichsam ein erweiterter Haushalt des Königs, und deshalb gelte es, ihn zu fördern und zu vermehren.

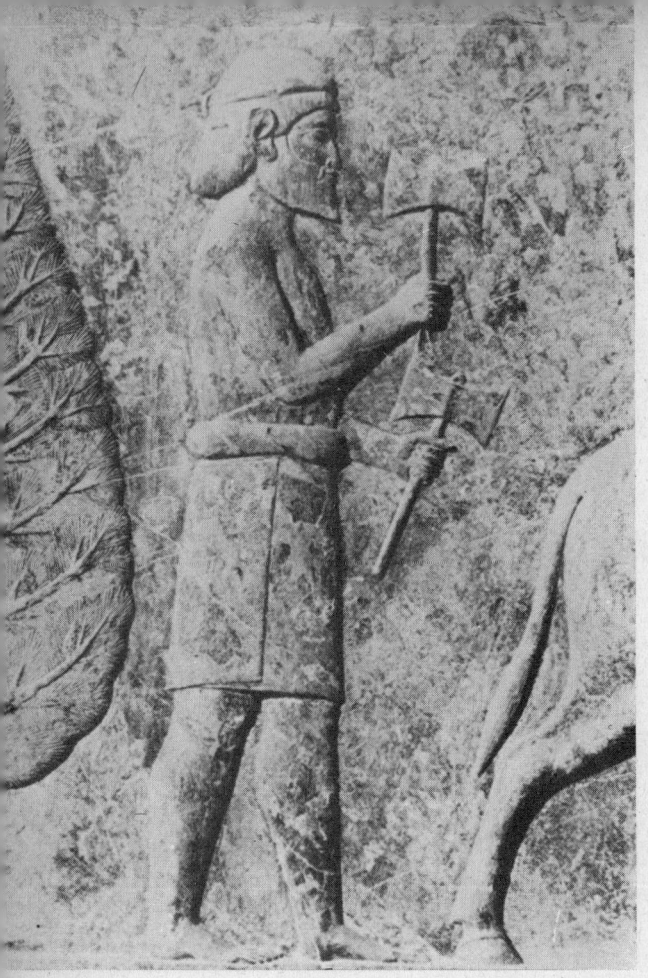

Inder. Relief aus Persepolis

Staatswirtschaft mit fast modern anmutenden Zügen, Monopolismus in der Produktion wie im Handel werden zur Hauptquelle königlicher Einkünfte, durch Planwirtschaft und Zollpolitik gesichert, während sich für die Infrastruktur hierzu nach wie vor die zum Teil jahrtausendealten Formen halten und die sozialen Verhältnisse sich kaum ändern. Das Übergewicht des griechischen Elements in den entscheidenden Positionen bewirkte eine Internationalität von Handel und Austausch, die den Namen Weltwirtschaft verdient und sich an das von Alexander Begonnene anschließt. Wirtschaftlicher und politischer Konkurrenzkampf führt denn auch zu verstärktem Ausbau des Indien-Handels und zu Bemühungen, in

Afrika, Arabien und am Roten Meer Fuß zu fassen. So gesehen hat sich die hellenistische Wirtschaftseinheit im Vergleich zur Kultureinheit als dauerhafter erwiesen. Zweifelsohne auf Alexander geht es zurück, wenn zu der Sammlung und Ausnutzung wissenschaftlicher Erkenntnisse in allen Bereichen in den neuen Zentren Forschung offiziell gefördert wurde und besonders die technischen Fortschritte des Hellenismus einen Stand erreichen konnten, den erst die Neuzeit überschritt.²⁴⁴

Das Verhältnis zu Alexander selbst freilich bleibt bei alldem kompliziert. Ptolemaios hatte sich der Leiche bemächtigt und diese zwar nicht in der Amons-Oase, sondern in Memphis bestattet, von wo seine Nachfolger sie nach Alexandreia brachten. Alexander-Kult ist außer in Kleinasien, Rhodos, Griechenland auch in Alexandreia nachzuweisen. Für die unterworfenen Völker war Alexander einst zum Inbegriff des Dämonischen, Bösen geworden; aber auch das Alexander-Bild der griechischen Nachwelt wurde ihm kaum gerecht. Die verzerrende Propaganda der frühen Jahre mag hier viel verdorben haben. Nicht nur die Welt, in die Alexander sein Heer führte, auch er selbst geriet in die Sphäre des Märchenhaften. Historiographische Darstellung, naturwissenschaftliches Interesse und Kuriositätenschau sind eng ineinander verwoben, seit der Zug nach dem Tod des Dareios in die Wunderwelt am Kaspischen Meer eindringt. Es ist dies zugleich der Zeitpunkt, an dem der Makedonenkönig sich zum orientalischen Herrscher emporstilisiert. Zeitgenossen aus seiner nächsten Umgebung, zum Beispiel Chares, der Hofmarschall, Ephippos von Olynth und selbst Onesikritos, Kapitän des königlichen Flaggschiffes, nutzen bald nach seinem Tod die Möglichkeit, durch übertriebene Darstellung der Person Alexanders den sensationellen Charakter ihrer Schriften und damit ihre Verbreitung zu steigern; daß diese Darstellung nur negativen Charakter haben konnte, läßt sich aus unseren eigenen Erkenntnissen vom Wesen des Sensationellen unschwer folgern. Stimmen von anderer Seite, wie sie noch im 4. Jahrhundert Kleitarch in Alexandreia sammelte, mußten das Bild noch mehr verwirren. Gegen sie kamen Nearch oder Aristobul mit Versuchen einer Korrektur kaum mehr auf. Zu fragen bleibt auch, ob und wie weit die politischen Nachfolger an einem positiven oder einem wenigstens die Dinge nicht verzeichnenden Alexander-Bild überhaupt interessiert sein konnten; ein solches mußte die eigene Rolle nach Alexanders Tod fragwürdig erscheinen lassen. Ptolemaios hatte die Auflösung des Reiches deklariert, Kassander die Dynastie ausgerottet; es wäre möglich, daß eine offizielle Sprachregelung die verzerrte oder unwirkliche Darstellung als nachträgliche Rechtfertigung des eigenen Verhaltens mit beeinflußt hat. Ein von Ptolemaios selbst abgefaßtes Werk behandelt lediglich den Strategen, klammert indes alles darüber hinaus Führende, Problematische sorgfältig aus und scheint überdies der persönlichen Verteidigung zu dienen. Mit der Zeit verwischt sich die Tradition immer mehr, nicht zuletzt durch Verwendung des Alexander-Themas in der Philosophie und der Rhetorik:

Peripatetiker, Stoiker und Kyniker schufen sich ihr eigenes Bild mit spezieller Akzentuierung. Ein unerschöpflicher Abhandlungsstoff ist dabei die Frage der Charakterentwicklung und der Umwelteinflüsse, die Alternative von Glück oder Tüchtigkeit. Versuche, die Persönlichkeit mit Hilfe des eigenen Schlagwortkatalogs zu definieren, gehören zum Repertoire jeder Schule. Und auch hier ist es nur natürlich, daß schon um der Demonstration willen die negative Komponente in den Vordergrund tritt. Dazu kommen andere Problemkreise: Alexander und Olympias[245], Alexander und Antipatros, Alexander und seine Freunde. Sie rufen eine halb historische, halb ethische Fiktions- und Erbauungsliteratur auf den Plan, dazu Briefsammlungen, die ebenfalls mit der Zeit immer mehr authentischen Charakter gewinnen und dadurch die Dinge zusätzlich verwirren. Gefördert wurde auch die Anekdotenbildung, die mit der Zeit fast um jedes Ereignis einen kaum mehr entwirrbaren Kranz von Erzählungen flocht. Alexanders Zeugung; Alexanders Geburt[246]; erste Zeichen[247] übernormaler oder übermenschlicher Fähigkeiten; Alexander und Bukephalos[248]; Alexander und Diogenes[249]; Alexander und die Pythia[250]; Alexander und Timokleia[251]; der gordische Knoten; Alexander und der Arzt Philippos; Alexander in Nysa; Alexander in Indien; Alexander und die persischen Königinnen[252]; Alexander und die Amazonenkönigin[253]; Alexander und Dareios; Alexander und der gefangene Poros; Alexander und die indischen Philosophen; Alexander, der in der Wüste angebotenes Wasser verweigert[254], weil es nur für ihn reichen würde; Alexanders Tod – die Liste ließe sich beliebig vermehren. Die uns verfügbaren Quellen, von Fragmenten aus früherer Zeit abgesehen, stammen ausnahmslos erst aus der römischen Kaiserzeit und sind von entsprechenden Einflüssen abhängig. Und weder für Diodor (1. Jh. v. Chr.), für Pompeius Trogus (in späterer Verkürzung durch Justin) noch für den zeitlich nicht festzulegenden Curtius Rufus läßt sich durch Quellenanalysen ein sicherer Wahrheitskern mehr ermitteln. Das gleiche gilt großenteils sogar für den um Objektivität bemühten Arrian (2. Jh. n. Chr.), der in Anlehnung an Aristobul und Ptolemaios ein brauchbares, freilich in erster Linie seiner stoischen Grundanschauung entsprechendes Bild zu zeichnen sucht, wie es übrigens auch zu den Herrschervorstellungen seiner Zeit paßt. Die Fülle der Quellen (es sind etwa hundert), die Plutarch in seiner Alexander-Biographie anführt, gibt einen Eindruck von der Vielfältigkeit der Überlieferung, die es zu durchdringen galt, wenn man sich mit dem Alexander-Problem ernsthaft beschäftigen wollte. Kein Wunder, daß für spätere Jahrhunderte nur noch von mythischer Deutung und deren Weiterentwicklung geredet werden kann.

Das Interesse Roms an Alexander ergab sich mit dem römischen Eindringen in den Orient ganz von selbst. In Rom erhielt Alexander zum

Sog. Alexander mit der Aigis. British Museum, London

erstenmal den Beinamen «der Große»; in einer Komödie des Plautus wird er so genannt. Alexander-Nachahmung, Alexander-Verehrung kennzeichnen Pompeius, Crassus, Caesar, Nero, Trajan, Septimius Severus, Caracalla und zuletzt Julian, bei dem, gleichsam am Ende der Antike, die teils bewußt gesuchten, teils sich ergebenden Parallelen zum Alexander der letzten Lebensjahre geradezu erschütternd wirken. Kritische Auseinandersetzung, wie sie in einigen Äußerungen des Augustus anklingt, hingegen ist verhältnismäßig selten. Es könnte jedoch sehr wohl sein, daß in dessen Außenpolitik an der Grenze wie auch in der durch ihn eingeleiteten inneren Entwicklung des Imperiums das Beispiel Alexanders stärker anklingt, als es auf den ersten Blick den Anschein hat. Alexander als Vorbild meint freilich immer nur den Menschen oder den Eroberer; sein Werk hingegen hat stets als unwiederholbar gegolten.

ALEXANDER

Es bleibt noch der Mensch, denn er ist der Schlüssel zu allem Geschehen. Das Komponentenfeld historischer Kräfte und Faktoren wäre ohne inneren Zusammenhang, wenn man Alexander ausklammerte – ihn samt seiner persönlichen, ureigenen Interpretation der Dinge, seinen Absichten und der ihm eigenen Art, sie zu verwirklichen. Soziale Verhältnisse, geschichtliche Situation, einzelne Umstände und politische Probleme vermögen die Dinge wohl ins Rollen zu bringen und stehen bis zuletzt auch im Mittelpunkt realistischer, scheinbar leicht zu begreifender Erwägungen. Was jedoch die eigentliche Entwicklung in den wenigen Jahren seines Wirkens vorantreibt, ist er selbst. Die These von Männern, die Geschichte machen, mag für die zweite Hälfte des 20. Jahrhunderts angesichts anderer Erkenntnisse mit Recht als abgeschmackt gelten; für die nach wie vor nicht zu ersetzende Funktion der Persönlichkeit als Koordinator anderer, umfassenderer Elemente und Kräfte bleibt Alexander ein erstaunliches Beispiel. Und nicht alles an ihm läßt sich aus der Beeinflussung durch die eigene Zeit verstehen. Genaugenommen steht er selber vielmehr trotz erfolgreicher Bemühung um Lösung ihrer Probleme merkwürdig beziehungslos in deren historischem Rahmen, seinen Zeitgenossen unheimlich und trotz seither gewonnener historischer Erfahrungen oder psychologischer Erkenntnisse auch uns kaum ergründbar. Nicht zuletzt die Tatsache, daß letztlich der Mensch es war, der scheiterte, macht die eigentlich historische Tragik mit aus.

An Versuchen, ein plausibles Bild zu schaffen, hat es nicht gefehlt. Widersprüche innerhalb der zeitgenössischen Berichte ließen, wie schon bemerkt, die Alexander-Geschichte bereits in der Antike zum Tummelplatz aller möglichen literarischen Interessen werden, und auch die histo-

rische Deutung späterer Zeit – nach und vor Droysen – reicht von begeisterten Apotheosen bis zum Schauerbild eines hybriden Herrscherwahns, dessen Renaissance im 20. Jahrhundert eine vorher kaum auszudenkende Verstehensgrundlage schuf. Versagten aber an Alexander von vornherein die üblichen Mittel der Historiographie seiner Zeit, so daß eine Beschränkung auf moralische Charakteristik zum Notbehelf wurde, um das Phänomen notdürftig zu erklären, so müssen bei solcher Verständnislosigkeit wohl viele wichtige Nachrichten und Hinweise schon früh der Nachwelt verlorengegangen sein. Wahrscheinlich war bereits die nächste Generation nach ihm auf ein deformiertes, nur in Fragmenten überliefertes Material angewiesen. Wie weit zugängliche offizielle Dokumente ausreichten, sich ein Bild von dem Menschen Alexander zu machen, bleibt unklar; das wenige noch Verfügbare reicht nicht einmal aus, diese Art von Überlieferung ganz zu verstehen. Er selbst hat offensichtlich die Problematik dieser auch durch gemeinsame Erlebnisse nicht zu überbrückenden Distanz gewußt, und auch darum, daß die Folgen nur eine Verzerrung seines Bildes bei der Nachwelt bedeuten konnten.[255]

Darüber, daß er auch als Mensch in allem die normalen Maßstäbe weit überschritt, waren sich die Zeitgenossen wohl einig.[256] Eine Formel freilich, die diesen Eindruck wiederzugeben vermöchte, kennt die griechische Sprache und insbesondere die Alexander-Literatur nicht. Anekdoten, die sich gleichsam als verdeutlichender Ersatz für Zeugnisse um sein Leben ranken, sind immer nur Übersteigerungen einzelner, als solcher leicht faßbarer Allgemeintugenden, enthüllen aber die Persönlichkeit als Ganzes oder deren Entwicklung nicht.[257]

Wenn die Überlieferung nicht ganz täuscht, lassen sich aus den Nachrichten vielleicht noch einige, wenngleich ebenfalls äußerliche, Kriterien entnehmen, die weiter helfen mögen. So scheint Alexanders Vater Philipp II. durch Charakterzüge bestimmt, die sich als psychisch-habituelles Ergebnis lang anhaltender Einflüsse auf den einzelnen, auf die Dynastie, ja auf das ganze Volk erklären lassen; sie müssen in ihrem Aufeinanderwirken bei gerade diesem Menschen eine innere Spannung erzeugt haben, die schon unter den Zeitgenossen Verwunderung erregte.[258] Von überlegener Intelligenz und einem subtilen Einfühlungsvermögen, die sich im politischen Verhalten wie im persönlichen Umgang zeigen und seine großen Erfolge zumindest in Griechenland ermöglichten, verkörpert sich in Philipps Naturell, in seinen Ausschweifungen, seiner Freude am übermäßigen Alkoholgenuß zugleich etwas Urwüchsig-Barbarisches, das den Griechen immer rätselhaft blieb. Alexanders Mutter Olympias galt als Anhängerin orgiastischer Kulte, wie sie am deutlichsten in Thrakien faßbar, das naturhafte Lebensgefühl der damaligen Balkanvölker zu kennzeichnen scheinen.[259] Die Zeugnisse über ihr Machtstreben, vielleicht durch ihr Verhältnis zum Gatten und den Makedonen mitbestimmt, verleihen ihr Züge einer Dämonie, die sich bisweilen ins Unmenschliche steigert.[260] Wieweit Olympias ihren Sohn in seinen entscheidenden ersten Lebensjahren zu formen unternahm, ist nicht zu ergründen. Es wäre möglich, daß Alexanders mythische Selbstdeutung bis hin zur göttlichen Zeugung, sei es durch den Blitz vom Himmel, sei es durch den in eine Schlange verwandelten Zeus, auf seine Mutter zurückgeht[261]; manches an ihm, zum Beispiel die auffallende Zurückhaltung im Sexuellen, wird wohl zu Recht auf einen Mutterkomplex zurückgeführt. Olympias' Versuche, ihren Sohn durch Ausnutzung kindlicher Pietät und Zuneigung auch in den späteren Jahren zu beeinflussen, sind unbestreitbar.[262]

Zum vorwiegend mütterlichen Erbteil gehört neben einer starken Abhängigkeit von Affekten, die sich oft genug in aufbrausender Leidenschaftlichkeit äußert, eine übernormale Disposition zur Introversion, das heißt einer übersteigerten Fähigkeit zum Verweilen in der selbstgewählten Gefühls- und Gedankenwelt unter Ignorierung oder Vergewaltigung der Realität. Von hier aus wäre Alexanders übermenschliche Willenskraft und jenes gleichsam als zweite Natur fungierende Sichhinwegsetzen über Vernunftgründe als eine Variante ererbter Anlagen zu erklären; in den Augen W. W. Tarns läßt dies ihn als großen Träumer erscheinen.

Die früh erkannte Intelligenz des Knaben, zugleich aber auch die dadurch bedingte innere Spannung könnten mitbewirkt haben, daß Philipp sich um Aristoteles als den damals besten Lehrer bemühte.[263] In der Tat war eine Erzieherpersönlichkeit von hohen Qualitäten nötig, um die Entwicklung eines durch Vererbung wie äußere Einflüsse derart gefährdeten, frühreifen Menschen in die rechten Bahnen zu lenken. Daß auf Aristoteles die Vorliebe Alexanders zu Homer zurückgeht, spricht für den Erfolg dieses gleichsam domestizierenden Pädagogen.[264] Zu fragen bleibt, wieviel Alexander seinem Lehrer wirklich verdankte. Dieser scheint ihm praktische Kenntnisse für sein künftiges Amt beigebracht und eine Fülle vielseitiger Interessen in ihm geweckt zu haben – vielleicht mit Hilfe einer mehr indirekten Methode.[265] Andererseits könnten Alexanders später so deutliche Divergenzen in gewissen Grundauffassungen auf präpubertäre Ursprünge aus dieser Zeit zurückzugehen. Sie lassen jedenfalls zweifeln, daß die Lehrzeit in Mieza ausschließlich jene Idylle gewesen ist, als die sie allgemein hingestellt wird.[266]

Anekdoten über frühe Symptome seiner Herrscherqualitäten erklären wohl auch die frühe Verwendung Alexanders bei politischen Aufgaben.[267] Daneben gibt es freilich ebenfalls frühe Zeugnisse über seine Haltlosigkeit und sein Sichaustoben, etwa bei Chäronea (338) oder auf Philipps Hochzeitsfest ein knappes Jahr danach. Ähnlich sind denn auch bei späteren militärischen Taten Methode, Instinkt und emotionaler Impuls nicht auseinanderzuhalten.

Die oben versuchte Deutung der Gesten Alexanders nach 336, etwa am Hellespont oder in Gordion, trifft als Politikum wohl stets nur einen – und zwar den äußerlichen – Aspekt. Denn alles in diesem Zusammenhang zu Deutende ist nicht denkbar ohne eine seelische Prädisposition für dessen innere Gehalte bis hin zu jenem Glauben an die Wirklichkeit mythischen Geschehens in der eigenen Welt. Nur so scheint eine Entwicklung denkbar, die sich deutlich von hier aus bis ans Ende seines Lebens erstreckt. Alexander, wie es oft geschehen ist, als Romantiker zu bezeichnen, reicht für ein wirkliches Verstehen kaum aus. Eher zeigt sich in entsprechendem Verhalten eine andere Seite der Introversion. Der Homer unter dem Kopfkissen ist nicht nur ein Zeugnis seiner Vorliebe für mitreißende Vorbilder – er ist offenbar zugleich der Katechismus einer Daseinsdeutung, die ein solches Refugium von der Wirklichkeit dringend nötig hat.

Die Erlebnisse während der Jugend und der ersten Regierungsjahre müssen für Alexander ein Trauma bedeutet haben, von dem selbst weniger sensible Existenzen ihr Leben lang nicht losgekommen wären. Aus dem Gefühl ständigen Bedrohtseins schärft sich seine Intelligenz, vertiefen sich psychische Veranlagung; im Wechselverhältnis zueinander steigert sich beides und bestimmt äußere Verhaltensweisen wie auch die innere Entwicklung. So ist es der überlegene Intellekt, der Alexander ohne große Erfahrung gleichsam über Nacht zum überlegenen Heerführer macht und ihn die Vielfalt politischer Probleme bewältigen läßt. Flexibilität und

Improvisationsfähigkeit ermöglichen ihm früh, überkommene Vorbehalte zu ignorieren und in der Menschenbehandlung wahre Wunder zu vollbringen. Seine Erfolge gerade hier sind nicht vorstellbar ohne jeden mitreißenden Elan, dessen Suggestivkraft nicht nur andere zum willenlosen Werkzeug macht, sondern letztlich auf ihn selbst zurückwirkt. Persönlichkeitsdeutung mit Hilfe derartiger Gegensätzlichkeit ist jedoch zwangsläufig Simplifikation und wird auch der Frage nach der Persönlichkeitsentwicklung nicht gerecht. So gibt es Anhaltspunkte, daß mit der Zeit auch Alexander sich daran gewöhnte, die Wirkungsweise seines Auftretens im voraus einzukalkulieren. Mußten seine Erfolge ein euphorisches Überlegenheitsgefühl hervorrufen, ein Sichgehenlassen, Sichzurschaustellen, so scheint er alles, was den Eindruck einer geradezu zwangsläufigen Hybris erweckt, mehr und mehr als unumgängliche Kriterien eines neuartigen Herrschaftsstils angesehen zu haben. Trotz dieser inneren Akzentverschiebung aber bleiben die Wesenselemente der Persönlichkeit sich gleich, und es spannt sich ein einziger Bogen vom ersten bis zum letzten Lebenstag. Unsere Quellenautoren nehmen fast durchweg mit der Einverleibung des Achämenidenreiches eine Zäsur in Alexanders Charakterentwicklung an. Was dabei Form und was Inhalt ist, läßt sich freilich nur vermuten, und es liegt, wie angedeutet, auf der Hand, daß schon die Staatsräson jetzt andere Verhaltensweisen verlangte als die, die dem König der Makedonen angemessen war.

Daneben aber steht noch etwas anderes, Wichtigeres. Alexanders Kampf um die Existenz hatte ihn die Grenzen der Welt Philipps überschreiten lassen, mit wachsenden Dimensionen waren neue Formen von Opposition und Gefährdung aufgetreten. Das Ergebnis einer nicht aufzuhaltenden Entwicklung sind die Philotas-Affäre und der blindwütige Mord an Kleitos, andererseits eine sich steigernde Hektik der Orgien und Gelage, dazu Großzügigkeit bei Geschenken und Ehrungen für einzelne wie ganze Truppenteile, überschwengliche Gesten der Freundschaft und Herzlichkeit – alles nur zu verstehen als Versuch einer Kompensation. Daß Alexander es ernst meinte, ist nicht zu bezweifeln, und so wird sein Ringen um Freunde und um die Armee gleichsam zu einer immer wieder neu versuchten Überwindung seiner selbst. Doch vertiefte sich augenscheinlich das Gefühl der Unlösbarkeit der Gegensätze während dieser Jahre bis zur gegenseitigen Selbstisolation, die Alexanders Bemühungen viel von ihrer Glaubwürdigkeit nahm. Die Art, wie er die Fälle Philotas, Parmenion und wohl auch Kallisthenes offensichtlich mitinszenierte, steht in einer Linie mit psychischem Terror[268], schwindender Rücksicht auf die physische Leistungskraft der Heerführer wie der Armee und kann von den Betroffenen eigentlich nur als Zeichen wachsender Menschenverachtung gedeutet worden sein. So mögen die Heirat mit Rhoxane, die Proskynese und die Massenhochzeit in Susa als wichtige Marksteine einer politischen Entwicklung durchaus allgemein begriffen worden sein; das Mißtrauen gegen

Alexander und Olympias. Kamee, Leningrad

Alexander jedoch, vielleicht auch dessen persönliches Verhalten bei diesen
Gelegenheiten, weckte Resistenz, Aversion und eine Verbitterung, die
immer wieder neue Nahrung fand.

Ein Symptom der Isolation Alexanders könnte sehr wohl auch seine religiöse Entwicklung bedeuten. An Alexanders Frömmigkeit ist nicht zu
zweifeln. Sie äußert sich in einer starken Bindung an die herkömmliche
Religion mit ihren Geboten und Formen der Götterverehrung, in der
Wahrnehmung der daraus erwachsenden königlichen Verpflichtungen
(Opfer und Abhalten von Festspielen) [269] sowie seinem Glauben an Vorzeichen und göttliche Weissagungen. [270] Darüber hinaus aber zeigt sich
noch eine andere, subjektive Komponente in jenem Sichhineinsteigern in
eine mythische und damit ebenfalls religiöse Sphäre, die ihn früh die eige-

Alexander als Knabe.
Ny Carlsberg Glyptotek,
Kopenhagen

Alexander aus Pergamom.
Römische Kopie.
Museum, Istanbul

Sog. Alexander
Rondanini. Kopie nach
Leochares (?).
Glypthotek, München

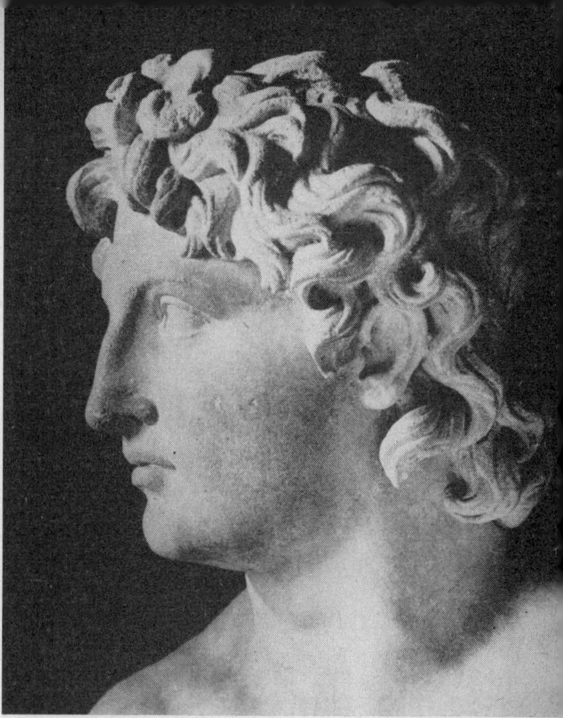

Sog. Alexander aus
Volantza. Um 200 v. Chr.
Museum, Olympia

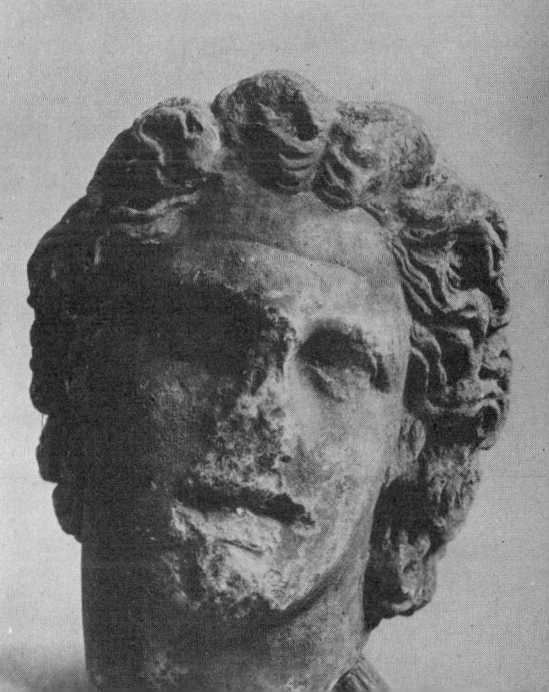

Aristoteles. Museo Nazionale, Rom

nen Taten als Zeichen übermenschlicher Kräfte deuten und sich selbst in göttlichem Zusammenhang sehen läßt. Beide Sphären religiösen Sichverstehens und Sichverhaltens sind kaum zu trennen. Herakles, der offizielle Stammvater der Argeaden, Achill als Stammvater von mütterlicher Seite[271] und Herakles, das persönliche Vorbild, gehen ineinander über, wobei literarische Einflüsse die Analogiebildung mit der Zeit noch vertieft und intensiviert haben mögen. Die religionsgeschichtliche Situation wiederum mit dem Beispiel eines Lysander, dem nach Konsultierung des Amons-Orakels göttliche Ehren erwiesen worden waren, eines Klearchos von Herakleia und selbst Philipps lassen vermuten, daß der Schritt zur göttlichen Verehrung Alexanders von der Umwelt nicht mehr als groß empfunden wurde. Ob er an leibliche Vaterschaft des Gottes wirklich glaubte oder an Adoption durch den Gott auf Grund seiner Taten[272], läßt sich im einzelnen nicht mehr erweisen; es wäre denkbar, daß er sein Leben lang in einer Welt ohne religiöses Dogma selbst ein Suchender blieb. Das Wort des Amonspriesters nahm er sicher ernst und fühlte sich ab 331 als Sohn des Zeus[273], was eine Erhöhung über die Sterblichen bedeutete und möglicherweise seinen politischen Absichten eine neue Grundlage gab.[274] Ob er dadurch sein Verhältnis zu Philipp geändert wissen wollte, ist nicht zu erkennen. Anspielungen auf diese Frage reizten ihn zu Wutausbrüchen, als würde Heiliges in den Schmutz gezogen, und wo Gegensätze betont werden, so sind sie äußerlicher, pragmatischer Art.[275] Als Sohn des Zeus war es ihm selbstverständlich, mit Herakles als seinesgleichen zu wetteifern oder die Dionysos zugeschriebenen Verhaltensweisen anzunehmen, ja, seinen Zug einschließlich der Teilnehmer in einem überhöht mythischen Zusammenhang zu sehen.[276] Wie stets scheint die Propaganda auch hier nur einen Aspekt der Dinge auszumachen. Neben Nysa und dem Aornosfelsen gehört hierher, daß man im Hindukusch die Höhle des Prometheus gefunden zu haben glaubte.[277] Auch die Nachricht, Alexander habe sich hie und da in den für einzelne Götter charakteristischen Gewändern gezeigt[278], braucht nicht übertrieben zu sein. Ein diesen Vorstellungen keineswegs widersprechender Synkretismus mochte ihm auch die Übernahme einer orientalischen Herrscherrolle[279] erleichtern und schließlich die Proskynese als die ihm gebührende, natürliche Begrüßungs- und Verehrungsform erscheinen lassen. Ihre Deutung ist kompliziert: die Tatsache, daß der Fußfall bei Persern vor jedem Höhergestellten, bei Griechen aber nur vor Göttern vollzogen wurde[280], zwingt zu dem Schluß, Alexander müsse göttliche Verehrung angestrebt und möglicherweise als bindendes Element für Perser und Griechen gesehen haben. Dabei diente das nach dem Bericht des Chares beim Einführungsvorgang[281] brennende persische Königsfeuer gleichsam als Hilfe zur Überbrückung, während der anschließende Kuß als formelle Erhöhung den deutlich gewordenen Unterschied wieder auszugleichen hatte. Kallisthenes als Wortführer einer Opposition blieb ihm die Verehrung schuldig und büßte dadurch seine Rangerhöhung ein. Seine spöttische Bemerkung, er gehe dann eben um einen Kuß ärmer fort, muß jedoch Alexander veranlaßt haben, vorerst auf die Proskynese zu verzichten.[282] Er mochte zu weit gegangen sein; ein Hindernis für alle Zeit sah er jedoch in dieser Opposition kaum. 324, nicht lange nach dem Verbanntendekret und wohl in Zusammenhang mit der göttlichen Verehrung für Hephaistion, wurde dann den Griechen nahegelegt, auch Alexander göttliche Ehren zu erweisen.[283] Damit greift Alexander das gleiche Problem von anderer Seite wieder auf. Schon die Ephesier hatten seinerzeit Philipp göttliche Ehren erwiesen[284], Kultvereine zu Ehren Alexanders bestanden in Kleinasien; so wäre möglich, daß er lediglich deren Einführung in der Heimat und damit eine Vereinheitlichung der Perspektive beabsichtigte, in der ihn die Griechen künftig sehen sollten. Man fügte sich nach kurzer Diskussion, und seither wurde die Frage nach der göttlichen Verehrung Lebender nicht mehr gestellt. Dem Zeitpunkt der Anregung freilich nach ist zu schließen, daß ihm auch hier vordergründig-opportunistische Erwägungen und die Frage taktischen Vorgehens gleichgültig geworden waren.

Den Zeugnissen der letzten Jahre nach hatte man sich in seiner Umgebung mit dieser Selbstisolation abgefunden und war bemüht, aus den Dingen das Beste zu machen. So nahm man die offensichtlich sogar von Nearch akzeptierte Begründung des Gedrosien-Zuges als Wettstreit mit Kyros und Semiramis ebenso hin wie die ohne einen historischen Kern undenkbaren dionysischen Feste nach der Errettung in Karmanien.[285] Gleiches könnte selbst für die verhängnisvolle Rolle des Bagoas gelten[286], dem der an sich wohl loyale Orxines zum Opfer fiel. Reflexionen darüber, daß Alexander aus seiner Machtfülle nunmehr für sich neue moralische Wertmaßstäbe zu setzen beabsichtigte, sind nicht überliefert. Ein indirektes Zeugnis für diese Isolation und zugleich für Resignation mag auch der Haß Kassanders sein, der in der Heimat die bisherige Entwicklung nicht miterlebt hatte und – nunmehr mit deren Endstadium konfrontiert – Abneigung und Schauder über das, was er sah, sein Leben lang nicht mehr los wurde.[287]

Daß es in Alexanders Umgebung Stimmen gab, die das alles wie auch die wachsende Hektik in seinem Verhalten als Zeichen psychischer Deformation auslegten[288], ist nicht zu verwundern. Unsere Zeugnisse freilich warnen, allzu vorschnell ein Überschreiten der Grenze zwischen Genie und Wahnsinn oder gar Spuren geistigen Verfalls zu diagnostizieren. Wohl stehen neben plausiblen politischen Maßnahmen und Plänen Symptome von Größenwahn wie das Hephaistion-Grabmal in Babylon, eine Grabpyramide für Philipp und sogar die Absicht, das Athosgebirge zur Büste zu formen.[289] Doch wäre zu fragen, was von diesen Nachrichten bereits Übertreibung ist. Man darf nicht vergessen, daß sich dies alles an das Arbeitsbeschaffungs- und Beschäftigungsprogramm früherer Jahre in Griechenland anschließt und überdies Hand in Hand mit der Ausdehnung auf den Osten, mit Ansiedlungsplänen und vielleicht auch der Notwendigkeit sinnvoller Kulturarbeit für die Armee geht. Hierher gehört auch die Anzahl neu geplanter Tempel und Städte.

Nicht zuletzt deshalb bleibt fraglich, ob die Zeitgenossen, die diese menschliche Entwicklung mit eigenen Augen verfolgten, sich in der Lage sahen, aus ihr irgendwelche Konsequenzen zu ziehen. Sie mochten von ihm abgestoßen sein. Zugleich aber mußten sie sich zu ihm hingezogen fühlen, weil das unter Alexander Erreichte, ja ihr eigenes Leben ohne ihn seinen Sinn verlor. So mögen Spannungen bestanden und sich immer mehr vertieft haben; das oben angedeutete Problem eines Neuanfangs zeigt sich neben dem Politischen auch im Menschlichen. Die vorbehaltlose Zustimmung zumindest einiger aus dem engsten Kreis und besonders die Nachrichten aus seinen letzten Tagen zeigen, daß der Bann, in den Alexander die ihm erreichbare Umwelt geschlagen hatte, noch nicht gebrochen war.

Daß man früh die Version seiner Ermordung in Umlauf setzte, liegt nahe. Besonders Kassander scheint sie zur Rechtfertigung seiner eigenen Familienpolitik in Anspruch genommen und als Befreiungstat hingestellt

Sog. Enopos (Alexander). Torso aus Delos. 2. Jh. v. Chr. Louvre, Paris

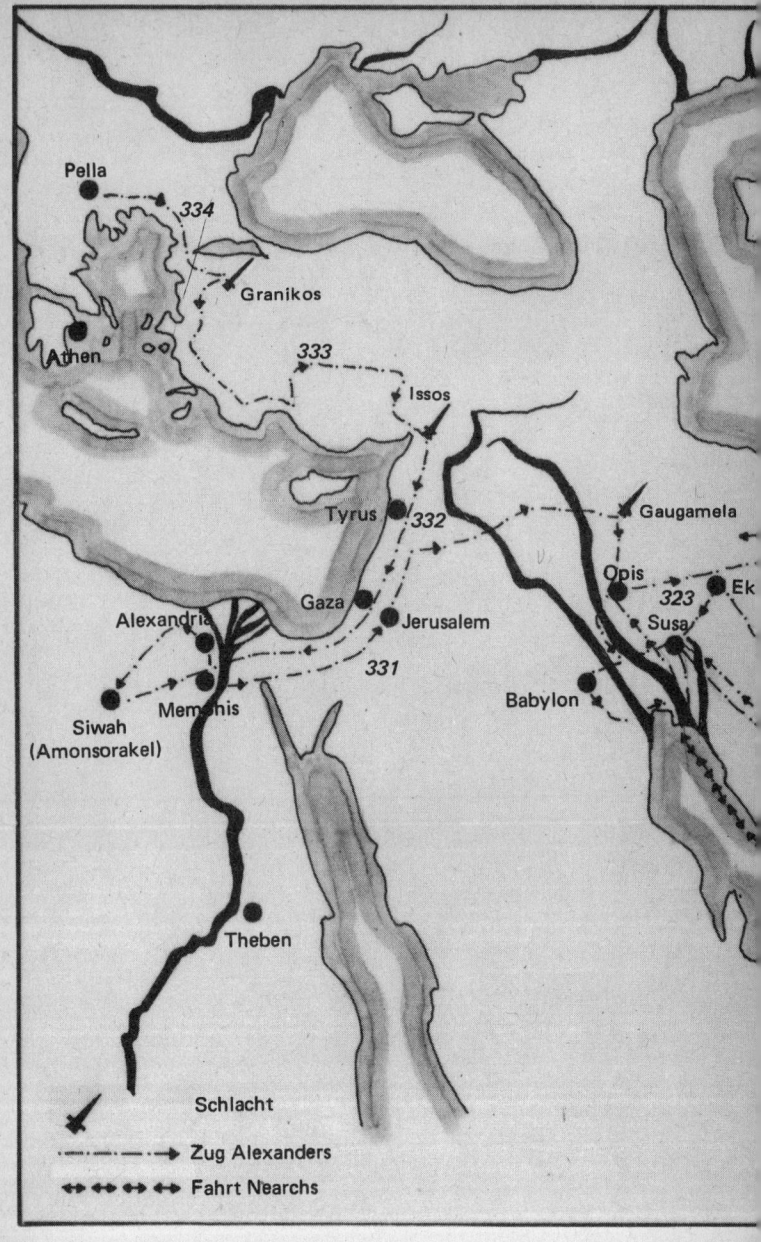

Pella

334

Granikos

Athen

333

Issos

Tyrus *332*

Gaugamela

Opis

Gaza

323 Ek

Alexandria

Jerusalem

Susa

331

Siwah
(Amonsorakel)

Memphis

Babylon

Theben

✖ Schlacht
•–•–•–→ Zug Alexanders
↔↔ ↔↔ ↔↔ ↔↔ Fahrt Nearchs

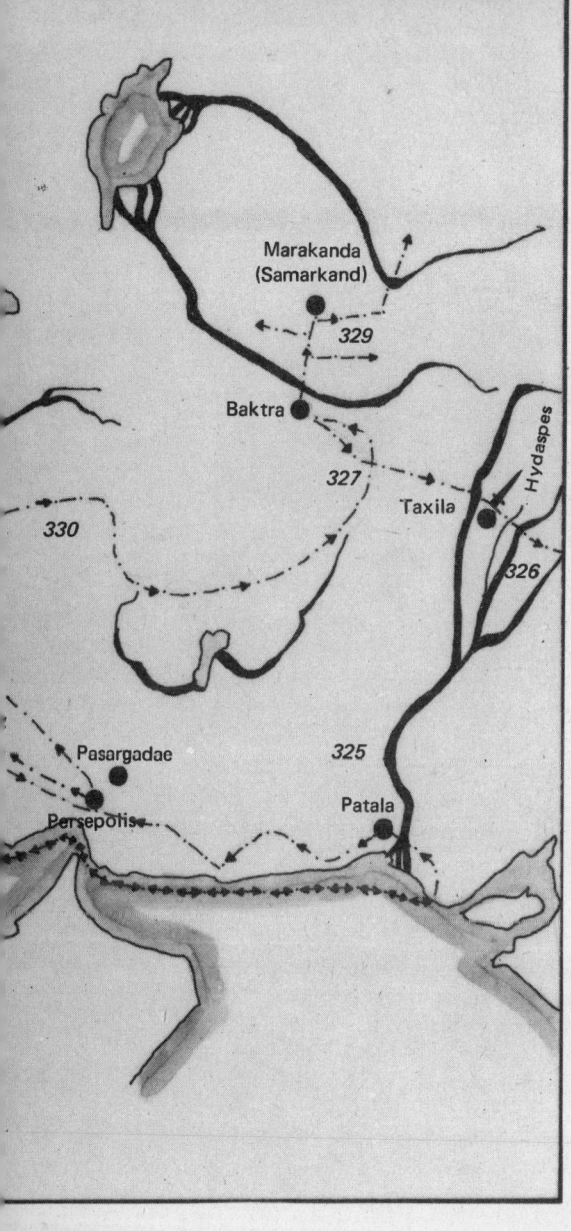

zu haben, wobei er sogar Aristoteles mit ihr in Zusammenhang brachte.[290] Beweisen läßt sich nichts mehr; die Art, wie Antipatros in den auf Alexanders Tod folgenden Jahren mit Griechenland verfuhr, scheint solche Nachrichten Lügen zu strafen. Zeitgenossen haben offensichtlich Alexanders Tod anders begründet. Die Quellen sprechen von immer hektischeren Gelagen und einem sich steigernden Alkoholgenuß.[291] Daß solche Exzesse angesichts einer Jahre hindurch physisch überbeanspruchten Konstitution und einer nur notdürftig ausgeheilten Lungenverletzung in Indien eines Tages zum Ruin führen werden, mußte jeder erkennen, der dies miterlebte. Vielleicht ist die Auslegung der in den letzten Monaten sich häufenden Vorzeichen, die Alexanders Tod verkünden, nicht zuletzt als bewußte Warnung aus einer wachsenden Sorge zu verstehen. Suchte Alexander aber nach wie vor damit über die Schwierigkeiten seines Naturells hinwegzukommen und die wachsende menschliche Isolation zu überwinden, so wäre in der Tat der Schluß zu ziehen, an seinem Tod seien nicht zuletzt Umwelt und Umgebung mit schuld gewesen, die diese Selbstvernichtung gleichsam erforderten.

Zwar war er durch körperliches Training für das, was er auf sich zu nehmen hatte, von Jugend auf vorbereitet, und es gibt keine Nachricht, daß ihm Strapazen, die er überdies stets mit dem letzten seiner Soldaten teilte, je zugesetzt hätten. Sein gesunder Schlaf etwa in der Nacht vor der Entscheidungsschlacht[292] von Gaugamela läßt erkennen, daß ihn dann, wenn seine seelische Spannung nicht zum Ausbruch kam, auch die Nerven nicht im Stich ließen. Er war mittelgroß und sein Körperbau war so beschaffen, daß er ihn von Künstlern wie Lysippos oder Apelles abbilden lassen konnte.[293] Sein Haar war blond und teilte sich über der Stirn büschelartig, was seinem Aussehen etwas Löwenhaftes verlieh.[294] Antike Berichte sprechen vom feuchten Glanz seiner Augen und bringen die gesunde Durchblutung seiner Haut mit seinem sanguinischen Temperament in Zusammenhang. Sein Nacken neigte sich, vielleicht als Folge körperlicher Übung, leicht seitlich nach hinten; von Haltungsschäden freilich kann dabei nicht die Rede sein.[295] Ernste Krankheiten sind nicht bekannt, die Gefahr, in der er 333 in Tarsos schwebte, hatte offensichtlich äußere Ursachen, und auch für eine vermutete Epilepsie fehlt jeder Anhaltspunkt. Gegen Ende seines Lebens freilich konnte er mit Recht sagen, daß kein Teil seines Körpers ohne Verwundung geblieben sei.[296] Es ist schwer, angesichts von Idealisierung und Typisierung bereits bei Lebzeiten aus den auf uns gekommenen bildlichen und plastischen Darstellungen etwas wie einen Wirklichkeitskern herauszukristallisieren. Die mehrfach vorgenommene Prüfung des Materials indes und ihre chronologische Einordnung könnte vielleicht eine gewisse Entwicklungslinie ergeben. Sie drückt sich in deutlicher Verhärtung der Züge, Zeichen physischer Erschöpfung, Faltenbildung und Symptomen frühen Alterns aus, wie sie bei unserer Kenntnis seines Lebenslaufs eigentlich selbstverständlich sind.

Alexander. Marmorbüste. 2. Jh. n. Chr. Museo Capitolino, Rom

Alexander war im August 356 geboren und bei seinem Tod um den 10. Juni 323 demnach nicht ganz 33 Jahre alt.[297] Das von ihm Verwirklichte erklärt sich aus den Notwendigkeiten der Zeit; seine Pläne, die sich hieran anschließen, gehen über deren Erfüllung weit hinaus, doch scheint dabei der Bereich des Realisierbaren zum Utopischen hin keineswegs verlassen worden zu sein. Ihn selig zu preisen, weil sein Werk zum Scheitern verurteilt und er selbst verdammt gewesen wäre, die kommende Katastrophe mit eigenen Augen zu sehen, besteht kein Grund. Daß man dieses Werk aufgab, sagt nichts darüber aus, was sich noch entwickelt hätte, wäre seine Lebensdauer die für einen Menschen normale gewesen.

Seine Nah- und Fernwirkung nicht nur auf die Nachfolger oder auf den begrenzten Zeitraum des Hellenismus sind nicht zu übersehen. Was erst durch ihn möglich geworden ist, scheint demnach seine historische Rolle, ja selbst sein persönliches Schicksal zu rechtfertigen und hat seinem Dasein nachträglich einen Sinn gegeben.

ANMERKUNGEN

Abkürzungen

Syll. = Sylloge Inscriptionum Graecarum[3] ed. W. Dittenberger
OGIS = Orientis Graeci Inscriptiones Selectae ed. W. Dittenberger
FGH = Fragmenta Graecorum Historicorum ed. F. Jacoby

Aisch. = Aischines
App. Syr. = Appian, Syr. Geschichte
Aristoteles Pol. = Aristoteles Politeia
Arr. = Arrian, Geschichte Alexanders des Großen
Arr. Ind. = Arrian, Indike
Athen = Athenaios
Cic. Tusc. = Cicero, Tuskulanen
Curt. = Curtius Rufus
Dio Chrys. = Dio Chrysostomus
Diod. = Diodor
Diog. Laert. = Diogenes Laertius
Euripides Iph. Aul. = Euripides, Iphigenie in Aulis
Gellius NA = Gellius, Noctes Atticae
Homer Il. = Homer Ilias
Hypereid. = Hypereides
Isid. Char. = Isidor v. Charax
Josephos Jüd. Arch. = Flavius Josephos, Jüdische Archäologie
Jul. Val. = Julius Valerius
Just. = Justin
Luk. Dial. Mort. = Lukian, Dialogus Mortuorum; Quom. Hist.
    Conscr. = Quomodo Historia Conscribenda
Oros. = Orosius
Pausan. = Pausanias
Philostrat. Vita Apoll. = Philostratos, Vita des Apollonios v. Tyana
Phot. cod. = Photios Bibliothek
Platon Rep. = Platon, Staat
Plin. NH = Plinius d. Ä., Naturalis Historia
Plut. Al. = Plutarch, Alexanderbiographie; Dem. = Demosthenesbiographie;
    Eum. = Eumenesbiographie; Phoc. = Phokionbiographie; Mor. = Moralia
Polyb. = Polybios
Porphyr. = Porphyrios
Ps. Aristoteles Oec. = Pseudo-Aristoteles Oeconomicus
Ps. Kall. = Pseudo-Kallisthenes, Alexanderroman
Ptolem. Geogr. = Ptolemaios, Geographica
Seneca De Benef. = Seneca, De Beneficiis; Ep. = Epistulae
Steph. Byz. = Stephanos v. Byzanz
Val. Max. = Valerius Maximus
Xenophon Anab. = Xenophon, Anabasis; Mem. = Memorabilia

1 Diod. 17,2,2; Just. 11,1,8
2 Vgl. Plut. Al. 11,3
3 Arr. 3,5,6; Plut. Al. 9; Just. 9,5,4
4 Möglicherweise auch bereits von

dessen Vorgänger.

5 Just. 11,2,4; 12,2,3
6 Just. 11,5,1
7 Diod. 17,5,1; Just. 11,5,1; Curt. 6,9,17; 7,1,3; 8,7,5; Plut. Al. 10; Mor. 327C
8 Aisch. 3,166; Plut. Dem. 23
9 Arr. 1,1,4
10 Arr. 2,14,6; Plut. a. a. O.; Aisch. 3,156; Plut. Dem. 20
11 Diod. 17,4,8; Aisch. 3,173
12 Arr. 1,8,1
13 Arr. 1,9,10; Plut. Al. 11; Dio Chrys. 2,33; Plin. NH 7,30
14 Arr. 1,10,3; Diod. 17,15; Just. 11,4
15 S. dazu Diod. 7,17,3 als Zusammenstellung. Im einzelnen sind genaue Truppenzahlen nicht mehr zu ermitteln.
16 Arr. 10,4; Plut. Al. 52; Just. 12,6,17
17 Onesikritos FGH 134, fr. 2; Plut. Mor. 327D; Aisch. 3,163
18 Duris FGH 76, fr. 40
19 Arr. 1,11,5 ff.; Diod. 17,17,2; Just. 11,5,10
20 Diod. 17,5,3 ff.
21 Arr. 1,12,8 ff.; Diod. 17,18,2 ff.
22 Arr. 1,13 ff.; Plut. Al. 16; Just. 11,6; Dio. 17,18 ff.
23 Arr. 1,16,4 ff.; Plut. Al. 16,15 ff.
24 Arr. 1,20,3; 2,1,1; Diod. 17,23,6
25 Arr. 1,17,10 ff.
26 Arr. 1,18,3 ff.
27 Arr. 1,20,1 ff.; Diod. 17,22,5
28 Arr. 1,23,8 ff.; Strabo 14,657; Diod. 17,24,2; Plut. Al. 22; Mor. 127B; 180A; 1099C
29 Arr. 1,20,2 ff.; Diod. 17,23,4 ff.
30 Arr. 1,24 ff.; Diod. 17,28
31 Arr. 2,3,7; Plut. Al. 18; Curt. 3,1,17 ff.; Just. 11,7,16
32 Arr. 2,4,1 ff.
33 Arr. 2,1,1 ff.; Diod. 17,29 ff.
34 Diod. 17,31,4; Plut. Al. 18,3; Arr. 2,1,3
35 Arr. 2,2, 3,2; Curt. 4,1,36
36 Arr. 2,4–5; Plut. Al. 19; Curt.

3,4 ff.

37 Arr. 2,2,1; Curt. 3,2 ff.
38 Arr. 2,6,1
39 Arr. 1,10,6; Plut. Phoc. 17; Diod. 17,30; Curt. 3,2,10 ff. Zur Warnung des makedonischen Flüchtlings Amyntas vor Verlassen der Ebene s. Arr. 2.6,3 ff.
40 Arr. 2,7,1 ff.; Curt. 3,8,13 ff.
41 Arr. 2,6 ff.; Curt. 3,8 ff.; Diod. 17,32 ff.; Plut. Al. 20; Just. 11,9 ff.; Kallisthenes FGH 124, fr. 35 (= Polyb. 12,17 ff.)
42 Arr. 2,16 ff.; Diod. 17,40 ff.; Curt. 4,2 ff.; Just. 11,10,10; Plut. Al. 24,4 ff. Ende der Belagerung etwa August 332.
43 Arr. 2,25,4 ff.; Curt. 4,6,7 ff.; Diod. 17,48,7 ff.; Hegesias FGH 142, fr. 5; Polyb. 16,22
44 Josephos Jüd. Arch. 11,325 ff.
45 Diod. 16,49,2 ff.
46 Ps. Kall. 1,34,2
47 Arr. 3,2,1 ff.; Diod. 17,52,1
48 Arr. 3,3 ff.; Curt. 4,7,5 ff.; Diod. 17,49 ff.; Just. 11,11,2 ff.; Kallisthenes fr. 14; Ps. Kall. 1,30; Plut. Al. 26–27
49 Arr. 3,5,2 ff.
50 Arr. 2,14, 2,25,1 ff.; Diod. 17,39,1 ff., 54,1; Curt. 4,1,7 ff., 5,1 ff., 11,1 ff.; Just. 1,12,1 ff.
51 Arr. a. a. O.
52 Arr. 3,8,3 ff.; Diod. 17,53,1 ff.; Curt. 4,13 ff.; Plut. Al. 31 ff.; Just. 11,12,14
53 Plut. Al. 34,1
54 Arr. 3,16,1 ff., Curt. 5,1,17 ff.
55 Arr. 3,16,6 ff.; Diod. 17,65 ff.; Curt. 5,2,8 ff.; Just. 11,14,9; Strabo 15,731
56 Arr. 3,17 ff.; Curt. 5,3 ff.; Diod. 17,68
57 Plut. Al. 37,6
58 Arr. 2,13,4 ff.; Diod. 17,48,1, 62–63; Curt. 4,1,39, 6,1,20; Just. 12,1,4 ff.; Aisch. 3,165; Deinarch 1,34; allgemein Ps. Demosthen. 17

59 Arr. 3,18,11 ff.; Plut. Al. 38;
Diod. 17,72; Curt. 5,7,3 ff.; Kleit-
arch FGH 137, fr. 11. Spätere Reue
Alexanders s. Arr. 6,30,1; Ps.
Kall. 2,17

60 Arr. 3,19,1 ff.; Curt. 5,6 ff.; Diod.
17,73

61 Arr. 3,21,9 ff.; Diod. 17,73,3;
Curt. 5,13; Just. 11,15; Ps. Kall.
2,20,5; Aelian 6,25; Jul. Val.
2,32; Plut. Al. 43, Mor. 332

62 Arr. 3,25,3; Diod. 17,74,2; Curt.
6,6,13

63 Arr. 3,24,3 ff.; Curt. 6,5,6 ff.

64 Arr. 3,25,1 ff.; Curt. 6,6,13 ff.;
Diod. 17,78,1 ff.

65 Arr. 3,26; Diod. 17,79,3 ff.; Curt.
6,7,18 ff.; Plut. Al. 49

66 Arr. 3,28; Curt. 7,3,22; Diod.
17,83

67 Arr. 3,29,6 ff.; Diod. a. a. O.;
Curt. 7,4,8 ff.

68 Arr. 4,1,5

69 Arr. 4,2 ff.; Curt. 7,6,11 ff.

70 Arr. 4,5,2 ff.; Curt. 7,7,30 ff.

71 Arr. 4,7,3 ff.; Curt. 7,5,40; Diod.
17,83,9; Just. 12,5,11

72 Arr. 4,16,3 ff.; Curt. 7,10 ff.; Just.
12,5,13

73 Arr. 4,18,4 ff.; Curt. 7,11,1 ff.;
Polyaen 4,3,29; Strabo 11,517

74 Plut. Mor. 332E, 338D; Curt.
8,2,25; Arr. a. a. O.

75 Arr. 4,21

76 Arr. 4,22,1; Curt. 8,5,2

77 Arr. 4,15; Curt. 7,6,11 ff.

78 Herodot 7,65

79 Herodot 4,33; Zu Ktesias v. Knidos FGH 688

80 Arr. 3,25,8; Curt. 8,13,3; zu Taxi-
las Arr. 4,22,6; Diod. 17,86,4

81 Arr. 4,8,1 ff.; Curt. 8,1,20 ff.;
Plut. Al. 50 ff., Mor. 71C; Just.
12,6,1 ff.; Seneca Ep. 83,19; De
Ira 3,17,1

82 Arr. 4,10,5 ff.; Curt. 8,5,5 ff.; Just.
12,7,1 ff.; Plut. Al. 54–55

83 Arr. 4,22,7 ff.; Curt. 8,10,2 ff.

84 Arr. 4,22,3 ff. Völkerliste bei
Strabo 15,698; Arr. Ind. 1

85 Arr. 5,1 ff.; Curt. 8,10,7 ff.; Just.
12,7,6 ff.; Plut. Al. 58; Strabo
15,687; Plin. NH 6,79, 16,144;
Diod. 2,38,4; Arr. Ind. 1,4 ff.

86 Arr. 4,28,1 ff.; Diod. 17,85,2;
Curt. 8,11,2 ff.; Just. 12,7,12 ff.;
dazu Oros. 3,19,2; Luk. Dial.
Mort. 14; Plut. Mor. 181D

87 Plut. Al. 66,5; Curt. 8,5,4; Nearch
FGH 133, fr. 1 (= Arr. Ind. 19,5)

88 Arr. 7,2,2 ff.; Onesikritos fr. 17;
Nearch fr. 23; Megasthenes und
Aristobul (FGH 139, fr. 41) bei
Strabo 15,712 ff.; Plut. Al 65

89 Arr. 5,8,4 ff.; Curt. 8,13 ff.; Plut.
Al. 60, vgl. auch Ps. Kall.
3,11,12 ff.

90 Arr. 5,8,3, 20,6, 26,5, 29,4; Curt.
9,1,7

91 Arr. 5,20,1 ff.

92 Arr. 5,24,5

93 Arr. 5,14,1 ff.; Curt. 9,2,2; Diod.
17,93,2

94 Arr. 5,28,4 ff. (= Ptolemaios fr.
23); Diod. 17,95,2; Curt. 9,3,19

95 Curt. 9,3,22; Arr. 6,2,4 (= Ptole-
meios fr. 28)

96 Vgl. dazu Aischylos Prometheus
v. 807; Herodot 4,44 (Anhaltspunkt möglicherweise Hautfarbe
der Einwohner, Strabo 15,695)

97 Arr. Ind. 18,3 ff., vielleicht als
Mittel der Kompensation von
Spannungen; vgl. auch Arr.
6,1,6.

98 Arr. 6,3,2

99 Arr. 6,3,3 ff.; Curt. 9,4,1. Die Erforschung der Salzbergwerke im
Reiche des Sopeithes fällt wohl
erst in diese Zeit (Strabo 15,699);
zur Lage s. McCrindle, Berve
Alexanderreich II nr. 736.

100 Arr. 6,8,1 ff.; Curt. 9,4,2 ff.; Diod.
17,98 ff.; Plut. Al. 63,2, Mor.
327B, 341C, 344D

101 Arr. 6,18,2 ff.

102 Arr. 6,20,2 ff.

103 Arr. 6,27,3; Curt. 9,7,1; Diod.

17,99; vgl. Strabo 15,721

104 Arr. 6,15,3; Curt. 9,8,10; vgl. Diod. 18,3,3

105 Arr. 6,15,2

106 Diod. 17,95,4; Arr. 6,2,1; vgl. Philostr. Vita Apoll. 1,20

107 Arr. 6,23,1 ff., zur Fahrt Nearchs s. Nearch fr. 1

108 Arr. 6,27,1; Curt. 9,10,18 ff.; Diod. 17,106; Plut. Al. 67

109 Eintreffen Frühjahr 324.

110 Diod. 17,99; Curt. 9,7

111 Vgl. z. B. Arr. 4,18,3

112 Arr. 6,27,3, 30,2

113 Arr. 6,29,1 ff.; Strabo 15,730

114 Arr. 7,13,1, 17,1

115 Arr. 6,27,3

116 Erste Flucht 333 (Arr. 3,6,7); 324: Arr. 7,12,7; Athen. 13,595; Arrian b. Phot. cod. 91,68B; Diod. 17,108,6

117 Arr. 7,23,6 ff.; Diod. 18,14,1; Ps. Aristoteles Oec. 2,1352A

118 Diod. 17,106,3, 111,1

119 Arr. 6,30,3, 7,6,3, 24,1; Diod. 17,110,2; Plut. Eum. 14

120 Diod. 17,109, 18,8,2; Curt. 10,2,4; Just. 13,5,2; Plut. Mor. 221A

121 Arr. 7,4,4 ff.; Diod. 17,107,6; Curt. 10,3,11 ff.; Chares FGH 125, fr. 4; Plut. Al. 70, Mor. 329E

122 Arr. 7,6,3; Plut. Al. 71; Diod. 17,108,1 ff.; Just. 12,11,4

123 Arr. 7,5,1 ff.; Diod. 17,109,1; Curt. 10,2,9 ff.; Just. 12,11,1; Plut. Al. 70,3 ff.

124 Arr. 7,8,1 ff.; Curt. 10,2,12 ff.; Plut. Al. 71

125 Arr. 7,11,8 ff.

126 Arr. 7,7,7

127 Arr. 7,14,1 ff.; Diod. 17,110,7 ff.; Plut. Al. 72; Just. 12,12,1 ff.

128 Arr. 7,15,1 ff.; Arr. Ind. 40,6; Diod. 17,111,4; Plut. Al. 72; Strabo 11,524; Polyb. 4,3,31

129 Arr. 7,15,4; Diod. 17,113; Just. 12,13

130 Diod. 17,49; Greek Historical In-

scriptions ed. M. N. Tod nr. 196

131 Plut. Al. 34,3

132 Kleitarch fr. 31; vgl. dazu Just. 11,2,10; Strabo 5,232; Memnon v. Herakleia FGH 434, fr. 1,18

133 Arr. 7,15,4

134 Curt. 10,1,17; Plut. Al. 68; Diod. 18,4

135 Herodot 4,44, 42; Arr. 4,7,5, 5,26,2, 7,1,2, 7,19,3, 7,25,2; Strabo 15,741

136 Arr. 7,16,5 ff.; Diod. 17,112

137 Arr. 7,19,3 ff. (= Aristobul fr. 55); Diod. 18,4; Curt. 10,1,19

138 Arr. 7,23; Diod. 17,115,6; Hypereid. 6,21

139 Arr. 7,18 (= Aristobul fr. 54); Plut. Al. 73

140 Arr. 7,22 (= Aristobul fr. 55); Diod. 17,116,5 ff.; App. Syr. 56; Arr. 7,24,1 ff. (= Aristobul fr. 58); Plut. Al. 73

141 Arr. 7,23,3

142 Arr. 7,24,1 ff.; Plut. Al. 76–77; Diod. 17,117; Curt. 10,5; Just. 12,15

143 Herodot 7,173, 8,140 ff., 9,45; Demosth. 6,11, 23,200

144 Herodot 5,22, 8,137

145 Aristoteles Pol. 1285

146 Diod. 16,4,3; Just. 7,5,9

147 S. dazu bes. Theopomp FGH 114, fr. 224

148 Anaximenes v. Lampsakos FGH 72, fr. 4 ist umstritten. Ausschlaggebend scheint allein die Rolle Philipps II. als Organisators der makedonischen Armee.

149 Material s. «Die Staatsverträge des Altertums» III, hg. v. H. H. Schmitt, München 1969, nr. 403

150 S. etwa Lysias 20,33

151 Vgl. etwa Platon Rep. 422, 551; Aristoteles Pol. 1292

152 Etwa nach Homer Il. 2,530; Archilochos fr. 54D; Euripides Iph. Aul. 350

153 Kongreß aller Griechen 446; Kolonie in Thurii etwas später.

154 Zum Plan einer Ansiedlung in Thrakien, wie er Demosthenes vorschwebte, s. a. Xenophon Anab. 3,2,26; Isokr. 8,24

155 Rede an Philippos (5)

156 Vgl. Isokr. 8,134

157 Vgl. Isokr. 5,133

158 So Isokr. 5,120 im Gegensatz zu 4,186; vgl. Ep. 3

159 Vgl. Diod. 16,91,3 ff.

160 Arr. 1,29,5, 3,6,2 ff.

161 Plut. Al. 15,3; Just. 11,5,5

162 Bekannt Amyntas, Neoptolemos

163 Arr. 1,25,1 ff.; Diod. 17,32,2 ff.; Curt. 7,1,6 ff., 8,8,6

164 Arr. 2,4,8 ff.; Diod. 17,31,5; Curt. 3,6,1 ff.; Plut. Al. 19

165 Arr. 7,12,6; Plut. Al. 39; Diod. 118,1, 18,49,4; Plut. Mor. 180D; Curt. 7,1,12 ff.

166 Aisch. 3,162 ff.; vgl. auch Hypereid. 2,5

167 Deinarch 1,42 ff.; Syll.³ 301. In ähnlichen Zusammenhang einer Politik im Sinne Alexanders gehören wohl die Isopolitieverträge dieser Zeit.

168 Diod. 17,108,6; Athenaios 13,586

169 Greek Historical Inscriptions nr. 200

170 Vgl. Just 11,6,1

171 Arr. 1,17,7; Inscr. v. Priene nr. 1 (= Greek Historical Inscriptions nr. 185)

172 Arr. 1,19,1, 26,5

173 Arr. 5,8 ff., 2,12,1

174 Pau s. 6,18,2 ff.; Arr. 1,17,1, 10

175 Vgl. Arr. 3,6,4

176 OGIS nr. 222; Strabo 14,644

177 Bgl. Diod. 17,2,2; Arr. 4,8,6

178 Arr. 2,25,2; Diod. 17,54,4; Valer. Max. 4,5; Ps. Kall. 2,17; Plut. Al. 29; Curt. 4,11,14

179 Arr. 3,19,1, 26,1; Plut. Al. 48,4; Diod. 17,80,4; Curt. 7,2,35 ff.; Justin 12,5,5; Polyaen 4,3,19

180 S. bes. Plut. Al. 51,1

181 Vgl. etwa Plut. Al. 34, 39 ff.;

182 Arr. 3,19,3, 7,12,2

183 Vgl. Arr. 4,5,7 ff.; Diod. 17,57,3; Plut. Al. 49,14; Aelian 12,6; Arr. Ind. 20,4 (= Nearch)

184 Arr. 7,12,4; vgl. freilich Diod. 18,8,4

185 S. o., dazu Deinarch 1,82; Hypereid. 5,18; OGIS nr. 2; Syll.³ nr. 306, 312; Plut. Mor. 221A; Memnon fr. 4,3. Zur Auflösung griechischer Stammesbünde 324 wohl als Vorbereitung einer Neuorganisation s. Deinarch 1,18.

186 Diod. 17,111, 18,8; Pausan. 1,25,8

187 20 000 allein anwesend 324 in Olympia.

188 Plut. Al. 34; Strabo 9,506

189 Staatsverträge nr. 413

190 Isokr. 5,154; Aristoteles fr. 658R, vgl. auch Pol. 12327B

191 Arr. 1,17,10

192 Platon Ges. 697; Isokr. 4,101

193 Just. 6,5,10; Staatsverträge II ed. H. Bengtson, München 1962, nr. 242

194 Arr. 3,19,7; Strabo 15,731; Diod. 17,188,4 ff.

195 Plut. Al. 45; Arr. 4,7,4 ff.; Curt. 6,6,4; Diod. 17,77; Just. 12,3,8; Plut. Mor. 329F

196 Plut. Al. 47,6, 71,1; 327: Curt. 8,5,1; vgl. Diod. 17,108,1; Arr. 7,6,1

197 Arr. 3,30,5, 4,7,2; vgl. Curt. 7,5,40; Diod. 17,83,9; Just. 12,5,11

198 Vgl. Arr. 3,27,4; Curt. 7,3,4; Strabo 17,724, 11,517

199 Plut. Al. 22,4

200 Plut. Al. 55, 58, 74; Val. Max. 7,2; Dio Chrys. 64,328, 598; Diog. Laert. 5,4

201 Arr. 1,3,5, 3,1,5, 3,3,1 (ähnlich

Curt. 4,7,8), 5,2,5, 5,25,2, 5,27,6, 7,16,1; dazu bes. Ind. 20,1 (= zweifelsohne Nearch)

202 Arr. 7,19,6

203 So Arr. 7,1,4

204 Bezeichnend Diod. 17,86,4

205 Vgl. Strabo 15,731; Just. 12,1,3. Ähnliches gilt wohl für die Entlassungsgelder, vgl. so Athenaios 6,231

206 Plut. Mor. 328F

207 Strabo 11,514; Plin. NH 6,61; Alexandrette: Strabo 17,798

208 Plut. Mor. 328F

209 Ptolem. Geogr. 6,10,4; Isidor. Char. 18

210 Arr. 4,22,4, 3,28,4; Curt. 7,3,23

211 Diod. 17,83,2; Plin. NH 6,92

212 Arr. 4,22,6

213 Strabo 11,517; Just. 12,5,17; Arr. 4,1,3

214 Ptolem. Geogr. 6,12,6

215 Curt. 7,10,15; Plin. NH 6,47

216 Arr. 6,19,4; Plut. Al. 61; Diod. 17,95,9; Curt. 9,1,6, 3,23; Just. 12,8,8

217 Arr. 5,29,3

218 Arr. 6,15,4; dazu nach 6,15,4 eine Stadt weiter flußabwärts (vgl. auch Diod. 17,102,4; Curt. 9,8,8)

219 Arr. 6,18,2, vgl. Curt. 9,10,2; Plin. NH 6,96

220 Arr. 6,22,3; vgl. Diod. 17,104,8; Curt. 9,10,8; Plin. NH 6,97

221 Steph. Byz.

222 Polyb. 10,27,3

223 Plin. NH 6,138; vgl. dazu auch Arr. 7,21,7 (Stadt im Euphratdelta)

224 Vgl. Arr. 6,15,7, 17,1

225 Diod. 17,83,1

226 Bezeichnend ist die Rolle der Städte im Kossaierland, Diod. 17,111,6; Arr. Ind. 40,7

227 Als Testfall s. Arr. 6,22,4–5 (= Nearch fr. 49)

228 Zur Umerziehung s. etwa Plin. NH 6,95 (Verbot des Fischessens); Unterbindung der barbari-

schen Bestattungssitten Plut. Mor. 328C, Porphyr. de Abstin. 4,21

229 Arr. 7,12,2; Diod. 17,110,3; Just. 12,4,6 ff.; Plut. Al. 71,5

230 Schrift über Ansiedlungen. Gemeinsame wissenschaftliche Interessen daneben einhergehend (vgl. Simplicius Ad Arist. de Caelo 2,123)

231 Arr. 7,12,2; Diod. 18,4,4

232 Sicherung Kleinasiens durch Antigonos als Satrap von Lydien.

233 Diod. 19,14,8

234 Arr. 7,16,1

235 Arr. 1,15,5

236 Bezeichnend Arr. 7,20,1 für Gründe und Absichten; vgl. Nearch fr. 1,1e; Strabo 16,741

237 Arr. 7,9,4; Plut. Al. 68,2 als vorläufige Maßnahme

238 Diod. 18,4,4; Curt. 10,1,17; Plut. Al. 68,1

239 Arr. 7, 19,5; Diod. 18,4,4

240 Diod. 17,117,3, 18,2,4. Zu Alexanders Wort, er hinterlasse das Reich dem Besten s. Diod. 17,117,4; Arr. 7,26,3

241 Curt. 10,6,15; Just. 13,2,12; Pausanias 1,6,2

242 Diod. 18,4,2–6

243 Ein weiterer Sohn Alexanders von Barsine, Tochter des Artabazos und Gattin Memnons (Plut. Eum. 1; Just. 15,2,3), wurde 309 durch Polyperchon vorgeschoben, jedoch später beseitigt.

244 Strabo 2,69; Arr. Ind. 15,12

245 S. bes. Plut. Al. 27; Arr. 4,10,5 (Kallisthenes!); Gellius NA 13,4

246 Plut. Al. 3,8; Hegesias fr. 3

247 Plut. Al. 5,1–2, Mor. 342B

248 Plut. Al. 6,1

249 Cicero Tusc. 5,32; Val. Max. 4,3; Seneca De Benef. 5,4,4

250 Plut. Al. 14; Diod. 17,93,4

251 Aristobul fr. 1; Plut. Mor. 259E, 1093C; Polyaen 8,40

252 Arr. 2,12,3–8, 4,20,1–3; Curt.

3,11,24,   4,10,25;   Just. 11,9,12 ff.; Plut. Al. 21

253 Plut. Al. 46

254 Arr. 6,26,1; Curt. 5,13,23; Plut. Al. 43

255 Luk. Quom. Hist. Conscr. 40; 12

256 Vgl. Polyb. 12,33

257 Arr. 7,28,1 ff.

258 Vgl. die Zeugnisse bei Theopomp

259 Plut. Al. 2, 9; Athenaios 13,560 (= Duris v. Samos), 14,659

260 Just. 11,5,1; Diod. 19,11,1 ff.; Paus. 1,11,4, 8,7,7

261 Arr. 4,10,2 ff.; Just. 11,11,3 ff.; Plut. Al. 3, 27

262 Arr. 7,12; Plut. Al. 39; Diod. 17,114,4

263 S. bes. Plut. Al. 7, zu früheren Lehrern Plut. Al. 6

264 Onesikr. fr. 1; Strabo 13,594; Plin. NH 7,29; Plut. Al. 26; zu anderen Dichtern s. Plut. Al. 8; Plin. a. a. O.; Aelian 13,7; Dio Chrys. 2,25

265 Plut. Al. 8; Plin. NH 8,44. Nachrichten über Briefwechsel gehen zweifelsohne auf einen historischen Kern zurück.

266 Pädagogisch interessant scheint zudem, daß Alexanders Erziehung in einem Kreis Gleichaltriger (Hephaistion, Ptolemaios, Harpalos, Nearch, viell. Philotas) erfolgte.

267 Plut. Al. 9

268 S. bes. Just. 12,5,1

269 Vgl. Diod. 17,112,3 ff., 98,3; Arr. 7,25

270 S. bes. Plut. Al. 73,75

271 Plut. Al. 2,1

272 S. bes. Plut. Al. 27,11

273 Curt. 4,7,1; Just. 11,11,1 ff.; Plut. Al. 28,2; Kallisthenes fr. 36; Strabo 17,814; vgl. auch Arr. Ind. 35,8

274 Vgl. dazu auch Isokr. Ep. 3,5; Aristoteles Pol. 1284A 11

275 Das Problem mußte in der Antike bereits zu Diskussion reizen und findet in der Literatur vielfältigen Niederschlag, vgl. Arr. 4,8,6; Curt. 6,10,3, 6,11,23; Ps. Kall. 1,35,5; Plut. Al. 28,2. Unklar über Alexanders Vorstellungen ist sich auch Arrian (vgl. 3,3,1, 7,29,3); wenig besagt die Formulierung Just. 11,1,8; Plut. Al. 28,1.

276 Vgl. dazu freilich auch Plut. Al. 28,3, Mor. 180E, 341B; Aristobul fr. 47; dazu Curt. 8,10,29

277 Arr. 5,3,2; Arr. Ind. 5,11; Diod. 17,83,1; Curt. 7,3,22; Strabo 11,506, 15,688

278 Ephippos a. a. O.; viell. a. Polyb. 12,12B (= Timaios)

279 Vgl. Herodot 1,183; babylonische Seher im Heer s. Plut. Al. 57,7

280 Arr. 4,11,1 ff.; zum Fußfall s. 4,18,2; Plut. Al. 74; Curt. 8,5,22

281 fr. 14

282 Arr. 4,12,1–5; Curt. 8,5,5 ff.; Plut. Al. 53,54, Mor. 454E

283 Hypereid. 6,21; Plut. Mor. 210D, 219E, 842D; Diog. Laert. 6,63; Aelian V12; Deinarch 1,94; Arr. 7,23,2; Diod. 17,113,1

284 Arr. 1,17,10; als Folge hiervon Diod. 16,92,5

285 Nearch fr. 3

286 Curt. 6,5,23, 10,1,22 ff.; Athenaios 13,603; Plut. Al. 67

287 Plut. Mor. 180F; Plut. Al. 74

288 Hegesias fr. 5; Seneca De Benef. 1,13,9, 2,16,4; Ep. 91,17, 94,62

289 Arr. 7,23,6 (vgl. auch A.s dabei angedeutete Haltung gegen Kleomenes); Diod. 18,4, 17,115; Just. 12,12,12. Plan neuer Stadtgründungen Strabo 13,539; Appian Syr. 29

290 Arr. 7,27,1 ff.; Diod. 17,115,5; Curt.   10,10,14 ff.;   Just. 12,13–14; Ps. Kall. 31–32; Gerücht schon von Hypereides ausgestreut, Plut. Mor. 849

291 Arr. 7,27,2; Diod. 17,117,1; Just. 12,13,8–9

292 Plut. Al. 32,1; Diod. 17,56,2;
Curt. 4,13,17; Just. 11,13,1
293 Plut. Al. 40; Plin. NH 34,63,
35,93 ff.; Anthol. Pal. 16,120;
Pausanias 5,20,9

294 Plut. Al. 2,4, Mor. 334D
295 Plut. Al. 4,1 ff., Mor. 335B
296 Arr. 7,10,1 ff.; Plut. Mor. 327A,
341, 344
297 Plut. Al. 3,5, 75,9

ZEITTAFEL

490	Erster persischer Angriff auf Griechenland. Schlacht bei Marathon Zweiter persischer Angriff auf Griechenland. Schlacht bei Salamis
449	Kallias-Friede
386	Antalkidas-Friede. Persien wird der Besitz Kleinasiens zugestanden
380	Panegyrikos des Isokrates
359	Philipp II. gelangt in Makedonien, Artaxerxes III. Ochos in Persien zur Regierung
357	Philipp heiratet Olympias
356	Philipp gewinnt den Siegespreis in Olympia. Verbrennung des Artemis-Tempels in Ephesus. – August: Geburt Alexanders
352	Philipp Archon der Thessaler
346	Philipp Mitglied des Amphiktyonenbundes von Delphi
343	Alexander, Schwager Philipps, wird König der epirotischen Molosser
342	Aristoteles wird zum Lehrer Alexanders berufen
340–339	Belagerung von Perinth und Byzanz, Konflikt Philipps mit Athen und Persien
340	Alexander als Reichsverweser in der Heimat
339	Bündnis zwischen Athen und Theben. Philipp, vor Byzanz abgewiesen, zieht gegen die Geten
338	Tod Artaxerxes' III. Schlacht bei Chaeronea (Anfang August). Alexander und Antipatros bringen die Asche der Gefallenen nach Athen. Vertrag Philipps mit Athen und wohl auch anderen Staaten Griechenlands. Vorstoß in den Peloponnes. Spätherbst: Gründung des Korinthischen Bundes
337	Beschluß des Korinthischen Bundes über Krieg gegen Persien Philipp heiratet Kleopatra, Nichte des Attalos. Alexander und Olympias verlassen Makedonien Wahrscheinlich Beginn des Unternehmens gegen Persien
336	Parmenions Vorstoß in Kleinasien bis nach Magnesia Ermordung Philipps (August?) bei der Vermählung seiner Tochter Kleopatra mit ihrem Onkel Alexander, dem Molosserkönig. Abfallsversuche griechischer Bundesgenossen. Alexander stellt die Ordnung wieder her. Auf der Rückkehr vielleicht Besuch in Delphi Ausrottung der Gegner in Makedonien (Kleopatra, Attalos) Dareios III. Codomannus Großkönig in Persien (vielleicht Frühsommer)
335	Alexanders Feldzug gegen Thraker und Geten. Überschreitung der Donau. Tötung Amyntas' IV. Persischer Gegenangriff in Kleinasien unter Memnon. Persische Gelder zur Unterstützung des Aufstandes nach Griechenland Sommer: Abfall Thebens und anderer Griechen Koalition illyrischer Stämme, Einfall in Makedonien. Alexander zieht gegen sie. Spätsommer: Schlacht um Pelion Alexanders Rückkehr nach Griechenland. Zerstörung Thebens. Zug nach Athen; Vermittlung durch Demades
334	Frühjahr: Aufbruch nach Osten. Überquerung des Hellespont. Alexander in Ilion. – Mai: Sieg am Granikos

	Einnahme von Sardes, Ephesus und Milet. Auflösung der Flotte
	Sommer: Aufstellung einer überlegenen persischen Seemacht
	Herbst: Belagerung von Halikarnaß
334–333	Winterfeldzug in Pamphylien und Lykien. Memnon bringt die Ägäisinseln auf seine Seite. Vorbereitung einer persischen Invasion in Griechenland
333	Alexander in Gordion (Mai?), dann Aufbruch nach Ankara
	Einnahme von Lesbos durch Memnon, der während der Belagerung Mitylenes stirbt (Frühsommer)
	Vorstoß Alexanders nach Kilikien. Erkrankung in Tarsos (Spätsommer). Besetzung der nach Osten führenden Pässe durch Parmenion
	Dareios sammelt seine Armee in Babylon. Vormarsch gegen Alexander
	Herbst: Dareios in Sochoi, von da durch die Amanischen Tore in die Ebene von Issos. – Schlacht von Issos (Oktober oder November)
	Verbindung persischer Flottenführer mit Agis III. von Sparta
332	Belagerung von Tyros (bis September); Brief des Dareios mit Friedensangeboten
	Vernichtung der persischen Ägäisflotte. Rückeroberung der Inseln
	Eroberung Gazas (Spätherbst). Ende des Jahres erreicht Alexander Ägypten.
331	Gründung Alexandreias. Zug zum Amons-Orakel
	Alexander in Tyros. Überschreitung des Euphrat (Juli?)
	September: Schlacht bei Megalopolis. Tod des Agis
	20. September: Überquerung des Tigris. Schlacht bei Gaugamela. Flucht des Dareios nach Ekbatana
	Ermordung Alexanders des Molossers in Italien (?)
331–326	Ernährungsschwierigkeiten in Griechenland
331	Ende: Alexander in Susa
330	Alexander in Persepolis (bis Mai), Verbrennung der Residenz, dann Verfolgung des Dareios. – Juli: Tod des Dareios
	Spätsommer: Alexander im Elbursgebirge
	Besetzung der Areia, Abfall des Satibarzanes, Gründung von Herat
	Philotas-Prozeß, Tötung Parmenions
	Alexander im Hindukusch, Gründung von Alexandreia
329	Frühjahr: Einmarsch in Baktrien über Khawakpaß. Flucht und Auslieferung des Bessos
	Vormarsch über Marakanda an den Jaxartes. Anlage einer Stadt (Spätsommer)
	Aufstand in der Sogdiana, Einfall des Spitamenes, Kampf gegen die Saken, Durchkämmung des Landes (Herbst)
329–328	Versammlung in Baktra. Verurteilung des Bessos
328	Sicherung der Gebiete nördlich des Hindukusch. Tötung des Spitamenes
	Tötung des Kleitos (vielleicht Sommer) in Baktra
327	Einnahme der baktrischen Magnatenburgen (Oxyartes, Chorienes)
	Alexander heiratet Rhoxane
	Versuch einer Einführung der Proskynese. Kallisthenes-Affäre; Pagenverschwörung
	Aufbruch nach Indien. Voraussendung von Perdikkas und Hephaistion

143

ZEUGNISSE

JOHANN GOTTFRIED VON HERDER

... Hier würde nun die Geschichte Griechenlands endigen, wenn Phillippus ein Barbar wie Sulla oder Alarich gewesen wäre. Er war aber selbst ein Grieche, sein größerer Sohn war es auch, und so beginnt eben mit dem Verlust der griechischen Freiheit noch unter dieses Volkes Namen eine Weltszene, die ihresgleichen wenige gehabt hat ... Der junge Held lieferte drei Schlachten, und Kleinasien, Syrien, Phönizien, Ägypten, Libyen, Persien, Indien war sein. Ja, er hätte bis zum Weltmeer gehen mögen, wenn nicht seine Macedonier, klüger als er, ihn zum Rückzug gezwungen hätten. So wenig in all diesem Glück ein Wunder war, so wenig war's ein neidiges Schicksal, das ihm in Babylon sein Ende machte. Welch ein großer Gedanke zwar, von Babylon aus die Welt zu regieren, eine Welt, die vom Indus bis gen Libyen, ja über Griechenland bis zum Ikarischen Meer reichte! Welch ein Gedanke, diesen Weltstrich zu einem Griechenland an Sprache, Sitten, Künsten, Handel und Pflanzstätten zu machen und in Baktra, Susa, Alexandrien u.s.w. neue Athene zu gründen! Und siehe, da stirbt der Sieger in der schönsten Blüte seines Lebens; mit ihm stirbt alle diese Hoffnung, eine neuerschaffene griechische Welt!

«Ideen zur Geschichte der Philosophie der Menschheit». 1784–1791

JOHANNES VON MÜLLER

Es ist nicht unwahrscheinlich, daß Alexander alle unterworfenen Völker durch Vermischung der Geschlechter und Sitten und durch Colonien in Ein griechisches Reich vereinigen und auf eine Stufe der Humanität erheben, daß er durch gemeinschaftliche Gottesdienste und Handelsverbindungen Europäer und Asiaten gewöhnen wollte, sich als Mitbürger zu betrachten. Ein solcher Plan ist unter seinen Papieren gefunden worden, und, als sein erster Versuch, dessen an die Unmöglichkeit gränzende Schwierigkeiten keine frühere Erfahrung zu Tage gelegt hatte, konnte er dem hochgesinnten Jüngling ausführbar scheinen. Seine Idee war vielleicht eine große Bundesrepublik unter Einem obersten Vorsteher. Als Schüler des generalisierenden Aristoteles hatte Alexander vor anderen Eroberern die Neigung und das Geschick, allgemeine Gesetze vorzuschreiben.

*«Vierundzwanzig Bücher Allgemeiner Geschichten, besonders der
europäischen Menschheit». 1813–1827*

Was aber war der Beweggrund von Alexanders Großthaten? – Einzig und allein sein «Ich» und die Befriedigung seiner Lieblingsleidenschaft, seines grenzenlosen Stolzes. Ihm galt es gleich, die Welt zu verwüsten oder glücklich zu machen, wenn nur sein Ruhm dadurch befördert wurde; ja er hätte sie lieber unglücklich gesehen als daß ein anderer als er sie beglückt hätte. Dieser unbändige Egoismus ist in allen Handlungen seines Lebens, selbst in den scheinbar großmüthigsten zu erkennen, und für keine derselben war man also ihm Dank schuldig. Der guthmüthige Plutarch hat sich, in seiner emphatischen Lobrede auf diesen Fürsten, vorzüglich durch Alexanders Liebe zur Wissenschaft blenden lassen! Allein die Vorwürfe, die dieser dem Aristoteles über die Publizierung seiner Schriften machte, «weil nun die Wissenschaft keine Auszeichnung mehr, sondern ein gemeines Gut sein würde», zeigen zur Genüge, welchen Geistes jene Liebe war. Endlich welche Anmaßung, die Völker zwingen zu wollen, auf eine ihnen vorgeschriebene Weise oder nach einer allgemeinen – wenn auch glänzenden – Idee glücklich zu sein! Welchen Unsinn, auf die Kraft des Genies und die Schärfe des Schwerts den Anspruch der Weltherrschaft zu gründen! – Fürwahr, wenn Talent und Muth zu solchem Beginnen ein Recht gäben, so wäre die Geburt eines damit Ausgerüsteten ein öffentliches Unglück, und die Völker hätten dann nichts sehnlicher von der Vorsehung zu erbitten als daß sie alle Gewaltigen arm an Talent und Muth mache. Ein Alexander reichte hin die Welt zu erschüttern; zwei zugleich würden sie zertrümmert haben.

«Allgemeine Geschichte vom Anfang der historischen Kenntniß
bis auf unsere Zeiten». 1813

Napoleon I.

Was ich an Alexander dem Großen liebe, das sind nicht seine Feldzüge, von denen wir uns keinen klaren Begriff machen können, sondern es ist die Kunst seiner Politik. Mit 33 Jahren hinterläßt er ein wohlgeordnetes ungeheures Reich, das seine Generale unter sich teilen. Er hatte die Kunst verstanden, sich die Liebe der von ihm besiegten Völker zu erwerben. Er hatte recht, den Dummkopf Parmenio töten zu lassen, der es tadelte, daß er seine griechischen Sitten aufgab. Es ist eine politische Großtat von ihm, daß er Ammon besuchte; auf diese Weise gewann er Ägypten. Wäre ich im Orient geblieben, so hätte ich wahrscheinlich ein Reich gegründet wie Alexander, ich wäre nach Mekka gepilgert und hätte dort meine Gebete verrichtet und Kniebeugungen gemacht. Aber ich hätte das nur getan, wenn es der Mühe wert gewesen wäre.

«Gespräche mit General Gourgaud». 7. Januar 1818

Friedrich Nietzsche

Der Mensch, in seinen höchsten und edelsten Kräften, ist ganz Natur und trägt ihren unheimlichen Doppelcharakter an sich. Seine furchtbaren und als unmenschlich geltenden Befähigungen sind vielleicht sogar der fruchtbare Boden, aus dem allein alle Humanität in Regungen, Thaten und Werken hervorwachsen kann. So haben die Griechen, die humansten Menschen der alten Zeit, einen Zug von Grausamkeit, von tigerartiger Vernichtungslust an sich: ein Zug, der auch dem ins Groteske vergrößernden Spiegelbilde des Hellenen, in Alexander dem Großen, sehr sichtbar ist, der aber in ihrer ganzen Geschichte, ebenso wie in ihrer Mythologie uns, die wir mit dem weichlichen Begriff der modernen Humanität ihnen entgegenkommen, in Angst versetzen muß. Wenn Alexander die Füße des Vertheidigers von Gaza, Batis, durchbohren läßt und seinen Leib lebend an seinen Wagen bindet, um ihn unter dem Hohne seiner Soldaten herumzuschleifen: so ist dies die Ekel erregende Karikatur des Achilles, der den Leichnam des Hektor nächtlich durch ein ähnliches Herumschleifen mißhandelt; aber selbst dieser Zug hat für uns etwas Beleidigendes und Grausen Einflößendes.

Leopold von Ranke

Der Anteil Alexanders an dem Fortschritt der Erdkunde besteht hauptsächlich darin, daß er den Seeweg von den Ausflüssen des Euphrat zu denen des Indus wiederfand und zu wirklichem Gebrauch eröffnete, wodurch sich erst das Ganze seiner Eroberungen zusammenschloß. Innerhalb dieses Kreises aber kann man es fast als seine vornehmste Handlung betrachten, daß er dem Polytheismus, dem durch die Herrschaft der Perser großer Eintrag geschehen war, in einem ungeheuren Gebiete wieder die Oberhand verschaffte. Durch ihn verschmolzen die griechischen, ägyptischen, syrischen Götterdienste miteinander. Juden hat er geduldet, denn in ihrer Religion sah er nur eben eine nationale Institution. Die Perser hat er niedergeworfen, ohne jedoch ihre religiösen Meinungen zu unterdrükken. Auch den Brahmanen gegenüber hat er die Sache der griechischen Götter verfochten. Allein noch etwas anderes als den Götterdienst brachte er aus Griechenland mit sich herüber. Was läßt sich Größeres denken? Die Griechen hatten es zu einer idealen Weltanschauung gebracht, soweit sie mit menschlichen Mitteln zu erreichen ist, zu einer alle Richtungen umfassenden Literatur, der ersten aber doch auch großartigsten, welche jemals hervorgetreten ist. Diesen Ideen eröffnete Alexander den Orient und unterwarf ihnen denselben; den Gedanken fügte er die Macht hinzu. Seine Siege sind zugleich Forschritte der allgemeinen Kultur, namentlich auch der technischen und kommerziellen, denen er überall neue Stätten gründete, die er dann mit seinem Namen zu bezeichnen liebte. In der Vermischung des Polytheismus mit den großen Kulturbestrebungen liegt die Signatur der Epoche. Die Religion des Menschengeschlechtes, welche später emporkam, hat doch immer die Verbindung mit wissenschaftlichen und zivilisatorischen Ideen festgehalten.

«Weltgeschichte». 1880–1888

JACOB BURCKHARDT

Während in Hellas gegenüber dem Leben im Staate das Privatleben in den Vordergrund tritt, nimmt eine Gewaltsnatur im riesigen Sinne, welthistorisch im höchsten Grade, das Schicksal von Griechenland, Orient und aller Nachwelt auf ihre Schultern, ein Mann, der dazu berufen ist, die Welt zu hellenisieren, selbst über seinen individuellen Willen hinaus: Alexander der Große . . .

Alexander war nach Arrians Charakteristik nur an Ruhm nicht zu sättigen. Dies ist der grundhellenische Zug an ihm, während er ungriechisch aber höchst königlich war durch seine Treue in Verträgen und durch seine Fähigkeit zu bereuen, wo andere beim Fehler als etwas Trefflichem zu beharren pflegen. Wieviel er geahnt und gewollt hat, ist ungewiß und durch das Phantasiebild, welches die Griechen sich von ihm machten, vollends unsicher. Möglicherweise würde er bei längerem Leben vermittelst der durch die Reichtümer Persiens ermöglichten Söldnerwerbung die Weltherrschaft auch auf den Westen auszudehnen versucht haben, wo jetzt in Karthago die letzte Geldkasse ersten Ranges war, die nicht ihm zu Gebote stand. Auch ohne diese grenzenlose Ausdehnung konnte sein Reich nach seinem Tode nicht beisammen bleiben. Aber es ist eine Eigenschaft der großen Weltbezwinger, daß sie nicht sowohl direkt die Zukunft bewirken als vielmehr die Welt auf eine neue Grundlage stellen, worauf dann Neues aller Art aufgebaut werden kann. Und nun ist es nach unserm schwachen Ermessen immer ein Glück, wenn eine höhere Kultur über eine geringere, ein begabteres Volk über ein unbegabteres Eroberungen macht, und dies war hier der Fall, wenn auch die «Moralität» des damaligen Griechenlands und die des damaligen Persiens sich leidlich mögen aufgewogen haben. Hierdurch wurde jedenfalls viel Leben wieder frei, welches die persische Halbbarbarei erstickt hatte. Um aber die wahren Gesichtspunkte zu gewinnen, muß man den größten Kausalitäten der Weltgeschichte nachgehen. Unser Gesamturteil wird wesentlich bestimmt durch die enorme Wünschbarkeit derjenigen Kontinuität der Weltkultur, welche ohne Alexander nicht würde gewonnen worden sein.

«Griechische Kulturgeschichte». 1898

BIBLIOGAPHIE

1. Monographien

BIRT, TH.: Alexander der Große und das Weltgriechentum bis zum Erscheinen Jesu. 2. Aufl. Leipzig 1925

BURN, A. R.: Alexander the Great ant the hellenistic empire. London 1947

CLOCHÉ, P.: Alexandre le Grand et les essais de fusion entre l'Occident grecomacedonien et l'Orient. Neuchâtel 1953
Alexandre le Grand. 7. Aufl. Paris 1954

DASKALAKIS, A.: Alexander the Great and hellenism. Thessalonike 1966

DROYSEN, J. G.: Geschichte des Hellenismus. 2. Aufl. Gotha 1877 – Nachdr. Tübingen 1952

GREEN, P.: Alexander the Great. London 1970

HAMPL, F.: Alexander der Große. 2. Aufl. Göttingen 1965

HOMO, L.: Alexandre le Grand. Paris 1951

MILNS, R. D.: Alexander the Great. London 1968

RADET, G.: Alexandre le Grand. 4. Aufl. Paris 1950

ROBINSON, C. A.: Alexander the Great. The meeting of east and west in world government and brotherhood. New York 1947
The history of Alexander the Great II 1: The categories. The extant historians. Prov. Brown Univ. Press 1963

ROMAIN, J. (Hg.): Alexandre le Grand. Paris 1962 – Dt.: Alexander der Große. Basel–München o. J.

SAVILL, A.F.: Alexander the Great and his time. London 1955

SCHACHERMEYR, F.: Alexander der Große. Ingenium und Macht. Wien–Graz 1949
Alexander der Große. Wien 1973

TARN, W. W.: Alexander the Great. 2 Bde. Cambridge 1948 – Dt.: Darmstadt 1968

WILCKEN, U.: Alexander der Große. Leipzig 1931

2. Alexander im Rahmen griechischer Geschichte

BELOCH, K. J.: Griechische Geschichte Bd. III–IV. 2. Aufl. Leipzig 1922–1925

BENGTSON, H.: Griechische Geschichte. 4. Aufl. München 1969

BERVE, H.: Griechische Geschichte. Freiburg i. B. 1960

COHEN, R.: Alexandre et l'hellenisation du monde antique. In. Histoire Generale p. G. Glotz. Histoire Grecque IV. 2. Aufl. Paris 1945

KAERST, J.: Geschichte des Hellenismus I. 3. Aufl. Leipzig 1927 – Nachdr. Darmstadt 1968

MILTNER, F.: Historia Mundi III. München 1954

NIESE, B.: Geschichte der griechischen und makedonischen Staaten seit der Schlacht bei Chaeronea I. Gotha 1893

TARN, W. W.: Cambridge ancient history VI. 3. Aufl. Cambridge 1953

3. Einzelarbeiten

ABEL, F. M.: Alexandre le Grand en Syrie et en Palestine. In: Revue Biblique 1934, S. 528 f; 1935, S. 42 f

ADCOCK, F.: Greek and macedonian art of war. Berkeley 1957
Greek and macedonian kingship. Proceedings of the British Academy 1953, S. 1 f

ALTHEIM, F.: Weltgeschichte Asiens im Zeitalter des Hellenismus I–II. Berlin 1946
Alexander und Asien. Geschichte eines geistigen Erbes. Tübingen 1953
Zarathustra und Alexander. Frankfurt a. M.–Hamburg 1960

ALTHEIM, F., und R. STIEHL: Geschichte Mittelasiens im Altertum. Berlin 1970

ANDERSON, A.: Heracles and his successors. In: Harvard Studies in Class. Philology 1928, S. 12 f

ANDREOTTI, R.: Il problema politico di Alessandro Magno. Turin 1933
Il problema di Alessandro Magno nella storiografia dell'ultimo decennio. In: Historia 1950, S. 598 f
Per una critica dell'ideologia di Alessandro Magno. In: Historia 1957, S. 257 f
Die Weltmonarchie Alexanders des Großen in Überlieferung und geschichtlicher Wirklichkeit. In: Saeculum 1957, S. 120 f

BADIAN, E.: The Eunuch Bagoas. A study in methods. In: Class. Quarterly 1958, S. 144 f
Alexander the Great and the unity of mankind. In: Historia 1958, S. 425 f
The death of Parmenio. In: Transactions and Proceedings of the American Philological Association 1960, S. 324 f
Harpalus. In: Journal of Hellenic Studies 1961, S. 16
The death of Philipp II. In: Phoenix 1963, S. 244 f
Alexander the Great and the loneliness of power. In: Studies in Greek and Roman History. Oxford 1964. S. 192 f
The administration of the empire. In: Greece and Rome 1965, S. 166 f
Alexander the Great and the Greeks of Asia. In: Ancient Society and Institutions. Studies pres. to V. Ehrenberg on his 75th Birthday. Oxford 1966. S. 37 f
A king's notebook. In: Harvard Studies in Classical Philology 1967, S. 183
Agis III. In: Hermes 1967, S. 170 f
Alexander the Great 1948–1967. In: The Classical World 1971, S. 37 f, 73 f

BALSDON, J.: The divinity of Alexander the Great. In: Historia 1950, S. 363 f

BELLINGER, A.: Essay on the coinage of Alexander. New York 1963

BENGTSON, H.: Alexander und der Hellenismus. In: Die Welt als Geschichte 1939, S. 168 f

BERVE, H.: Die angebliche Begründung des Königskultes durch Alexander. In: Klio 1925, S. 179 f
Das Alexanderreich auf prosopographischer Grundlage. München 1926
Alexander. Versuch einer Skizze seiner Entwicklung (1927). In: Gestaltende Kräfte der Antike. München 1966. S. 313 f
Rez. U. Wilcken: Alexanders Zug in die Oase Siwah. In: Gnomon 1929, S. 370 f
Die Verschmelzungspolitik Alexanders des Großen. In: Klio 1938, S. 135 f
Alexander der Große als Entdecker (1949). In: Gestaltende Kräfte der Antike. München 1966. S. 333 f

BICKERMAN, E.: Alexandre le Grand et les villes d'Asie. In: Rev. des Et. Grecques 1934, S. 346 f

Le lettre d'Alexandre aux bannis grecs. In: Rev. des Et. Anciennes 1940, S. 25 f

Sur une passage d'Hyperide. In: Athenaeum 1963, S. 70 f

BIEBER, M.: Alexander the Great in greek and roman art. Chicago 1964

BRETZL, H.: Botanische Forschungen des Alexanderzuges. Leipzig 1903

BROCKER, M.: Aristoteles als Alexanders Lehrer in der Legende. Diss. Bonn 1966

BROWN, T. S.: Onesicritus. A study in hellenistic historiography. Berkeley 1949

BRUNT, A. P.: Alexander's macedonian cavalry. In: Journal of Hellenic Studies 1963, S. 27 f

Persian accounts on Alexander's campaigns. In: Class. Quarterly 1962, S. 141

The aims of Alexander. In: Greece and Rome 1965, S. 205 f

BUCHNER, E.: Zwei Gutachten für die Behandlung der Barbaren durch Alexander den Großen. In: Hermes 1954, S. 378 f

BURN, A. R.: Notes on Alexander's campaigns. In: Journal of Hellenic Studies 1952, S. 81 f

The generalship of Alexander. In: Greece and Rome 1965, S. 140 f

BURR, V.: Das geographische Weltbild Alexanders des Großen. In: Würzburger Jahrbücher 1947, S. 91 f

CARRATA THOMES, F.: Il problema degli eteri nalle monarchia di Alessandro Magno. Turin 1955

CARY, G.: The medieval Alexander. Cambridge 1956

CLASSEN, C. J.: The Libyan God Ammon in Greece before 331 BC. In: Historia 1959, S. 349

DASKALAKIS, A.: La deification d'Alexandre le Grand en Egypte et la réaction en Grèce. In: Studi Clasice 1967, S. 93 f

The hellenism of the ancient Macedonians. Thessaloniki 1965

DAVIS, E.: The persian battle plan at the Granikos. In: James Sprunt Studies 1964, S. 34 f

DOBESCH, G.: Der panhellenische Gedanke im 4. Jh. und der «Philippos» des Isokrates. Wien 1968

DOMASZEWSKI, A. VON: Die Phalangen Alexanders d. Gr. und Caesars Legionen. In: Abh. der Heidelb. Akad. d. Wissenschaften 16 (1925/26), S. 1 f

EDDY, S.: The King is dead. Univ. of Nebraska Press 1961

EDMUNDS, L.: The religiosity of Alexander. In: Greek, Roman and Byzantine Studies 1971, S. 363 f

EHRENBERG, V.: Alexander und Ägypten. In: Beih. zum Alten Orient 1926

Alexander and the Greeks. Oxford 1938

FULLER, J. F. C.: The generalship of Alexander the Great. London 1958

GITTI, A.: Alessandro Magno all'Oasi di Siwah. Bari 1951

GRANIER, F.: Die makedonische Heeresversammlung. München 1931

GRIFFITH, G. T.: The mercenaries of the greek world. Cambridge 1935

The generalship of Alexander at Gaugamela. In: Journal of Hellenic Studies 1947, S. 77 f

Alexander and Antipater in 323 BC. In: Proceedings of the African Classical Association 1965, S. 12 f

The macedonian background. In: Greece and Rome 1965, S. 125 f

The letter of Darius at Arrian II 14. In: Proceedings of the Cambridge Philological Society 1968, S. 33 f

HABICHT, CH.: Gottmenschentum und griechische Städte. München 1958

HAMILTON, J. R.: The cavalry battle at the Hydaspes. In: Journal of Hellenic Studies 1956, S. 26 f
Alexander's early life. In: Greece and Rome 1965, S. 116 f
Plutarch Alexander. A commentary. Oxford 1969
Alexander and th Aral. In: Class. Quarterly 1971, S. 106 f
The letters in Plutarch's Alexander. In: Proceedings of the African Classical Association 1961, S. 9 f

HAMPL, F.: Der König der Makedonen. Diss. Leipzig 1934
Die griechischen Staatsverträge des 4. Jahrhs. Leipzig 1938
Alexander der Große und die Beurteilung geschichtlicher Persönlichkeiten in der modernen Historiographie. In: La Nouvelle Clio 6 (1954), S. 91 f
Alexanders d. Gr. Hypomnemata und letzte Pläne. In: Studies pres. to D. M. Robinson. Washington 1953. S. 816 f

HEUSS, A.: Stadt und Herrscher des Hellenismus. Leipzig 1937
Alexander der Große und die politische Ideologie des Altertums. In: Antike und Abendland 1954, S. 65 f

HOFFMANN, W.: Das literarische Porträt Alexanders des Großen. Leipzig 1907

INSTINSKY, H. U.: Alexander der Große am Hellespont. Godesberg 1948

IVANKA, E. VON: Die aristotelische Politik und die Städtegründungen Alexanders. Budapest 1938

KAISER, W. B.: Der Brief Alexanders d. Gr. nach der Schlacht bei Issos. Diss. Mainz 1955

KIENAST, D.: Alexander der Große und der Ganges. In: Historia 1965, S. 180 f
Augustus und Alexander. In: Gymnasium 1969, S. 430 f

KNAPOWSKI, R.: Die Finanzen Alexanders d. Gr. In: F. ALTHEIM und R. STIEHL, Geschichte Mittelasiens im Altertum. Berlin 1970. S. 235 f

KOLBE, W.: Die Weltreichsidee Alexanders d. Gr. Freiburg i. B. 1936

KORNEMANN, E.: Die letzten Ziele der Politik Alexanders d. Gr. In: Klio 1920, S. 109 f
Die Alexandergeschichte des Königs Ptolemaios I. v. Ägypten. Leipzig 1935

KRAFT, K.: Der «rationale» Alexander. Kallmünz 1971

MARSDEN, E. W.: The campaign of Gaugamela. Liverpool 1964

MARSHALL, J.: Taxila. Cambridge 1951
A guide to Taxila. 2. Aufl. Cambridge 1960

MEDERER, E.: Die Alexanderlegenden bei den ältesten Alexanderhistorikern. Stuttgart 1936

MEYER, E.: Alexander und der Ganges. In: Klio 1926, S. 183 f

MEYER, ED.: Alexander d. Gr. und die absolute Monarchie. In: Kleine Schriften I. 2. Aufl. Halle 1924. S. 265 f
Blüte und Niedergang des Hellenismus in Asien. Berlin 1925 (jetzt in: Der Hellenismus in Mittelasien. Darmstadt 1969. S. 19 f)

MILNS, R. D.: The Hypaspists of Alexander III. In: Historia 1971, S. 186 f

MILTNER, F.: Die staatspolitische Entwicklung des Alexanderreiches. In: Klio 1932, S. 39 f

OERTEL, F.: Alexander der Große in neuerer Sicht. In: Orientalist. Lit. Zeitung 1957, S. 101 f

Pearson, L.: The diary and the letters of Alexander the Great. In: Historia 1955, S. 429 f

The lost histories of Alexander the Great. New York 1960

Pfister, F.: Alexander der Große in den Offenbarungen der Griechen, Juden, Mohammedaner und Christen. Berlin 1956

Das Alexanderarchiv und die hellenistische Wissenschaft. In: Historia 1961, S. 30 f

Alexander der Große. Die Geschichte seines Ruhmes im Lichte seiner Beinamen. In: Historia 1964, S. 57 f

Plezia, M., und J. Bielawski: Lettre d'Aristote à Alexandre sur la politique envers les cités. Warschau 1970

Radet, G.: Notes critiques sur la histoire d'Alexandre. In: Revue des Et. Anciennes 1925, S. 11, 81, 193; 1926, S. 113, 213

Ranowitsch, A.: Alexander der Große und die griechischen Städte Kleinasiens. In: Vestnik drevnej istorji 4 (1947), S. 57 f – Dt. in: Aufsätze zur Alten Geschichte Bd. IV. Berlin 1961. S. 75 f

Ritter, H. W.: Diadem und Königsherrschaft. München 1965

Sanctis, G. de: Gli ultimi messagi di Alessandro ai Greci. In: Riv. di Filologia e di Istruzione classica 1940, S. 1 f

Perdicca. In: Studi italiani di Filologia classica 1931, S. 5 f

Schachermeyr, F.: Die letzten Pläne Alexanders d. Großen. In: Jahresh. d. Österr. Archäol. Inst. 1954, S. 118 f

Alexander und die Gangesländer. Festschr. Jax. Innsbruck 1955. S. 123 f

Alexander in Babylon und die Reichsordnung nach seinem Tode. Wien 1970

Schaefer, A.: Demosthenes und seine Zeit III. 2. Aufl. Leipzig 1887 – Nachdr. Hildesheim 1966

Schiwek, H.: Der persische Golf als Schiffahrts- und Seehandelsroute. In: Bonner Jahrbücher 1962, S. 4 f

Schmidt, E.: Persepolis. Chicago 1948

Schnabel, P.: Die Begründung des hellenistischen Königskultes durch Alexander. In: Klio 1923–1924, S. 113 f

Zur Frage der Selbstvergötterung Alexanders. In: Klio 1925, S. 398 f

Schneider, C.: Kulturgeschichte aus Hellenismus. München 1967–1969

Schofman, A.: Die Weltherrschaftsidee in den Eroberungsplänen Alexanders d. Gr. In: Vestnik drevney istorji 4 (1969), S. 96 f [russ.]

Armee und militärische Reformen Alexanders. In: Vestnik drevney istorji 1 (1972) S. 171 f [russ.]

Geschichte des antiken Makedonien. Kasan 1963 [russ.]

Schwarzenberg, E. von: Der lysippeische Alexander. In: Bonner Jahrbücher 1967, S. 56 f

Seibert, J.: Nochmals zu Kleomenes v. Neukratis. In: Chiron 1972, S. 99 f

Alexander der Große. Darmstadt 1972 [Zusammenfassender Forschungsüberblick mit Materialsammlung]

Sordi, A.: Alessandro e i Romani. In: Rendiconti dell'Istituto Lombardo 1965, S. 435

Stark, F.: Alexander's path from Caria to Cilicia. London 1958

Strasburger, H.: Ptolemaios und Alexander. Leipzig 1934

Alexanders Zug durch die gedrosische Wüste. In: Hermes 1952, S. 456 f

Zur Route Alexanders durch Gedrosien. In: Hermes 1954. S. 251 f

TAEGER, F.: Alexander der Große und die Anfänge des hellenistischen Herrscherkults. In: Histor. Zeitschr. 1951, S. 225 f

Charisma. Studien z. Geschichte des antiken Herrscherkultes. Stuttgart 1957

TARN, W. W.: Hellenistic civilization. 2. Aufl. London 1958 – Dt.: Darmstadt 1966

The Greeks in Bactria and India. 2. Aufl. Cambridge 1951

TSCHERIKOWER, V.: Die hellenistischen Städtegründungen von Alexander dem Großen bis in die Römerzeit. Leipzig 1927

VOGT, J.: Kleomenes von Naukratis. Herr von Ägypten. In: Chiron 1971, S. 153 f

WALSER, G.: Zur neueren Forschung über Alexander den Großen. In: Schweizer Beiträge zur allgemeinen Geschichte 1956, S. 156 f

WEBER, G.: Alexander der Große im Urteil der Griechen und Römer. Leipzig 1908

WEIPPERT, O.: Alexander-Imitatio und römische Politik in republikanischer Zeit. Augsburg 1972

WELLES, C. B.: Alexander's historical achievement. In: Greece and Rome 1965, S. 216 f

WHEELER. M.: Flames over Persepolis. London 1969 – Dt.: Köln 1969

WILCKEN, U.: Alexander der Große und die hellenistische Wirtschaft. In: Schmollers Jahrbücher 1921, S. 215 f

Beiträge zur Geschichte des Korinthischen Bundes. In: Sitz. Ber. d. Bayer. Akademie d. Wissenschaften 1917

Alexander der Große und der Korinthische Bund. In: Sitz. Ber. d. Preuß. Akademie d. Wissenschaften 1922, S. 97 f

Alexander der Große und die indischen Gymnosophisten. In: Sitz. Ber. d. Preuß. Akademie d. Wissenschaften 1923, S. 150 f

Alexanders Zug in die Oase Siwah. In: Sitz. Ber. d. Preuß. Akademie d. Wissenschaften 1928, S. 17 f

Philipp II. und die panhellenische Idee. In: Sitz. Ber. d. Preuß. Akademie d. Wissenschaften 1929, S. 291 f

Alexanders Zug zu Ammon. Ein Epilog. In: Sitz. Ber. d. Preuß. Akademie d. Wissenschaften 1930, S. 159 f

Die letzten Pläne Alexanders des Großen. In: Sitz. Ber. d. Preuß. Akademie d. Wissenschaften 1937, S. 192 f

Zur Entstehung des hellenistischen Königskultes. In: Sitz. Ber. d. Preuß. Akademie d. Wissenschaften 1938, S. 298 f

WIRTH, G.: Anmerkungen zur Arrianbiographie. In: Historia 1964, S. 209 f

Dareios und Alexander. In: Chiron 1971, S. 133 f

Nearchos, der Flottenchef. In: Acta Conv. XI Eirene 1968, S. 615 f

Alexander zwischen Gaugamela und Persepolis. In: Historia 1971, S. 617 f

Zu den Syntaxeis von Kleinasien 334 v. Chr. In: Chiron 1972, S. 91 f

WÜST, F.: Die Meuterei von Opis. In: Historia 1954, S. 418 f; 1955, S. 497 f

Alexanders Rede zu Opis. In: Historia 1953, S. 177 f

Zu den Hypomnemata Alexanders des Großen. In: Jahresh. d. Österr. Archäol. Inst. 1959, S. 147 f

YORK v. WARTENBURG: Kurzer Überblick über die Feldzüge Alexanders d. Großen. Berlin 1897

4. Kriegswesen

DELBRUECK, H.: Geschichte der Kriegskunst. 3. Aufl. Berlin 1964

KROMAYER, J., und J. VEITH: Heerwesen und Kriegführung der Griechen und Römer. München 1928

LAUNEY, M.: Recherches dur les armées hellénistiques. Paris 1949

PARKE, H. W.: Greek mercenary soldiers from the earliest times to the battle of Ipsus. Oxford 1933

5. Sammelwerke

Alexander the Great. The main problems. Hg. von G. T. GRIFFITHS. Cambridge 1966

6. Literatursammlung

BURICH, N.: Alexander the Great. A bibliography. Kent State University Press 1970

NAMENREGISTER

Die kursiv gesetzten Zahlen bezeichnen die Abbildungen

ÜBER DEN AUTOR

Seit seiner Promotion im Jahr 1950 hat sich Gerhard Wirth öfters mit der Geschichte Alexanders des Großen beschäftigt. Publikationen aus diesem Bereich: Nearchos der Flottenchef, 1968; Dareios und Alexander, 1971; Alexander zwischen Gaugamela und Persepolis, 1971. Der Autor ist Professor für Alte Geschichte an der Universität Erlangen.

QUELLENNACHWEIS DER ABBILDUNGEN

Musée du Louvre, Paris: 11, 87, 94, 129 / Bibliothèque Nationale, Paris: 45, 57 / Glyptothek, München: 125 oben / Ny Carlsberg Glyptotek, Kopenhagen: 6, 124 oben / British Museum, London: 117 / Ermitage, Leningrad: 123 / Museo Nazionale, Neapel: 24, 31, 41, 108 / Vatikan, Rom: 79 / Museo Capitolino, Rom: 133 / Museo Barraco, Rom: 119 / Museum, Istanbul: 124 unten / Museum, Olympia: 125 unten / Museo Nazionale, Rom: 126 / Archäologisches Institut der Universität Erlangen-Nürnberg, Erlangen (H. Lauter): 15, 74 / K. Fischer: 40, 43, 47, 53, 55, 63, 106 / Privataufnahmen: 16 oben, 16 unten, 17 unten, 18, 32 oben, 80 / Archiv für Kunst und Geschichte, Berlin: 20/21, 39, 50/51, 100/101 oben, 100/101 unten / Gerhard Wirth: 75 / Hirmer Verlag, München: 12, 32 unten, 54, 112 / Aus: The Cambridge History of Iran I (Cambridge 1968): 66 / Aus: F. Stark, Alexander's Path from Caria to Cicilia (London 1958): 17 oben / Aus: H. W. Reich, Des Curtius Rufus' Geschichte Alexanders des Großen (Leipzig 1901): 36 / Aus: R. Ghirshman, Iran (München 1964): 38, 42 / Aus: M. Wheeler, Flammen über Persepolis (Berlin 1969): 46 / Aus: G. Walser, Die Völkerschaften auf den Reliefs von Persepolis (Berlin 1966): 52, 114 / Aus: W. Hinz, Altiranische Funde und Forschungen (Berlin 1969): 67, 90, 97 / Rowohlt Archiv: 35, 77.
Zeichnungen S. 22, 26, 27, 29, 48, 49, 72, 104/105, 130/131, Karin Kasdorf